Arbeitstexte für den Unterricht

Deutsche Kurzgeschichten II
11.–13. Schuljahr

FÜR DIE SEKUNDARSTUFE II
HERAUSGEGEBEN VON
GÜNTER LANGE

PHILIPP RECLAM JUN. STUTTGART

Universal-Bibliothek Nr. 15013
Alle Rechte vorbehalten
© 1989 Philipp Reclam jun. GmbH & Co., Stuttgart
Gesamtherstellung: Reclam, Ditzingen. Printed in Germany 1989
RECLAM und UNIVERSAL-BIBLIOTHEK sind eingetragene
Warenzeichen der Philipp Reclam jun. GmbH & Co., Stuttgart
ISBN 3-15-015013-2

Inhalt

I. Vorwort 4

II. Die deutsche Kurzgeschichte nach 1945 5

III. Texte 15

   1. Nachdenken über sich selbst 15

      Kurt Marti: Charlie Mingus ist tot 15
      Angelika Mechtel: Katrin 23

   2. Beziehungsprobleme 26

      Klaus Schlesinger: Neun 26
      Gabriele Wohmann: Schöne Ferien 37

   3. Last des Alltags 39

      Josef Reding: Zum Runterschlucken für
        Grabner 39
      Rolf Schneider: Einen Schnaps trinken 43

   4. Schuld und Verantwortung 51

      Siegfried Lenz: Tote Briefe 51
      Ingeborg Drewitz: Erlenholz 61

   5. Verdächtig 66

      Heinrich Böll: Du fährst zu oft nach
        Heidelberg 66
      Jurek Becker: Der Verdächtige 74

IV. Didaktische Überlegungen 83

V. Autoren- und Quellenverzeichnis 91

VI. Literaturhinweise 95

I. Vorwort

Diese neue Ausgabe *Deutscher Kurzgeschichten* in der Reihe *Arbeitstexte für den Unterricht* hat die Absicht, die bisherige Textsammlung zu ergänzen und zu erweitern. Sie setzt gleichfalls mit Kurzgeschichten aus der unmittelbaren Nachkriegszeit ein und führt das Textangebot bis in die Gegenwart fort.

Bei der Auswahl der Texte ist keine strenge Unterscheidung zwischen der »Kurzgeschichte« im klassischen Sinn und der »kürzeren Erzählung« getroffen worden, denn die Kurzgeschichte als literarische Form hat seit den 50er Jahren vielfältige thematische und formale Veränderungen erfahren, so daß die Grenzen zwischen beiden fließend sind.

Bei der Textauswahl für das 11.–13. Schuljahr galt das Augenmerk den Kurzgeschichten, die für diese Altersstufe thematisch relevant sind. In einigen Kurzgeschichten, vor allem der Anfangskapitel, sind außerdem Jugendliche die Protagonisten, um so den Schülern den Zugang zu den Texten und Themen zu erleichtern. Insgesamt aber geht es in den Kurzgeschichten dieses Bandes um eine Konfrontation mit den Problemen der Erwachsenenwelt, die z. T. auch schon die Probleme der Jugendlichen sind, um so die Erfahrungen der Schüler zu erweitern und zu differenzieren.

Die Kurzgeschichte als literarische Form wird nicht nur von Autoren der Bundesrepublik gern verwendet, sondern auch viele Autoren aus der DDR haben sich ihrer angenommen, da sie wie keine andere geeignet ist, die Probleme des Alltags literarisch zu gestalten. Etwa ein Drittel der Texte dieser Sammlung stammt aus der Feder von DDR-Autoren bzw. von Autoren, die bis vor wenigen Jahren in der DDR lebten.

II. Die deutsche Kurzgeschichte nach 1945

Der Begriff »Kurzgeschichte« ist eine Lehnübersetzung aus dem Amerikanischen (short story = kurze Geschichte), die sich, seit Anfang des 20. Jahrhunderts in den deutschen Sprachraum eingeführt, erst nach 1945 – und zwar seit Klaus Doderers Untersuchung von 1953[1] – als Bezeichnung für eine eigenständige literarische Gattung durchgesetzt hat. In Anlehnung an die amerikanische short story entwickelte sich unter dem Eindruck des Krieges und der Nachkriegszeit eine neue Gattung, die nach der Ansicht ihrer Autoren prädestiniert war, sich mit den bedrängenden Problemen der Zeit auseinanderzusetzen. Alle traditionellen Gattungen schienen den jungen Autoren für diese Aufgabe ungeeignet.
Über die Entstehung der deutschen Kurzgeschichte gibt es in der Forschung allerdings unterschiedliche Meinungen. Neben der hier vertretenen von dem unmittelbaren Einfluß der amerikanischen short story auf die deutsche Kurzgeschichte, die u. a. von Motekat[2], Rohner[3] und jüngst von Durzak[4] überzeugend begründet worden ist und für die auch die Aussagen der verschiedensten Kurzgeschichtenautoren wie Schnurre, Bender, Piontek und Böll sprechen[5], wurde vor allem von Ruth Kilchenmann[6] die deutsche Kurzgeschichte in der literarischen Tradition der deutschen Kurzprosa des 18. und 19. Jahrhunderts, etwa von J. P. Hebel, E. T. A. Hoffmann, Friedrich Hebbel, Georg Büchner, und der Erzählungen von Kafka, Musil und anderen gesehen. Durch Kilchenmanns Theorie wurden die Grenzziehungen

1. Klaus Doderer: Die Kurzgeschichte in Deutschland (1953). Darmstadt 1969.
2. Helmut Motekat: Gedanken zur Kurzgeschichte. In: Der Deutschunterricht 9 (1957) H. 1, S. 20–35.
3. Ludwig Rohner: Theorie der Kurzgeschichte. Wiesbaden ²1976.
4. Manfred Durzak: Die deutsche Kurzgeschichte der Gegenwart. Autorenporträts, Werkstattgespräche, Interpretationen. Stuttgart 1980. S. 12 ff.
5. Vgl. Leonie Marx: Die deutsche Kurzgeschichte. Stuttgart 1985. S. 123 ff.
6. Ruth J. Kilchenmann: Die Kurzgeschichte. Formen und Entwicklung. Stuttgart ⁵1978.

zwischen der Kurzgeschichte und den anderen epischen Kurzformen aber verwischt, und ihr Ergebnis, »daß es keine Kurzgeschichte, sondern nur Kurzgeschichten gibt«[7], trug eher zur Verwirrung als zur Klärung der Gattungsproblematik bei. Warum die Kurzgeschichte von den jungen deutschen Autoren nach 1945 so stark favorisiert wurde, hat Wolfdietrich Schnurre überzeugend formuliert: »Doch der eigentliche Grund, weshalb sie die Form der short story so blitzartig übernahmen und auch gleich mit einer beachtlichen Könnerschaft zu handhaben verstanden, lag woanders. Er lag im Stofflichen: in der Überfülle an peinigenden Erlebnissen aus den Kriegsjahren. Schuld, Anklage, Verzweiflung – das drängte zur Aussage. Zu keiner ästhetisch verbrämten, auch zu keiner durchkomponierten oder gar episch gegliederten; nein: zu einer atemlos heruntergeschriebenen, keuchend kurzen, mißtrauisch kargen Mitteilungsform. Da kam die ›Entdeckung‹ der short story eben zur rechten Zeit.«[8]

In der Forschung zur Theorie der Kurzgeschichte, die mit der oben schon genannten Untersuchung von Doderer ihren Anfang nahm, ging es vor allem darum, »dem schon immer faszinierenden Verhältnis von Kürze und Wirkung auf die Spur zu kommen und zu diesem Zweck freizulegen, mit welchen Erzählmitteln die wirkungsvolle Verdichtung und Erzählintensität in der Kurzgeschichte sowie ihre vielschichtige Wirklichkeitsgestaltung erreicht werden«.[9] Allerdings verläuft die Geschichte der Forschung nicht geradlinig auf dieses Ziel zu, da die Kurzgeschichte als literarische Gattung im Verlaufe der Zeit ihr Aussehen fortlaufend veränderte und sich – einem »Chamäleon« gleich (Bender) – den jeweiligen gesellschaftlichen und ästhetischen Erfordernissen sensibel anpaßte. Die Kurzgeschichte der unmittelbaren Nachkriegszeit besitzt allerdings ein recht einheitliches Aussehen und

---

7. Ruth J. Kilchenmann (Anm. 6) S. 16.
8. Wolfdietrich Schnurre: Kritik und Waffe. Zur Problematik der Kurzgeschichte (1959). In: W. Sch., Freundschaft mit Adam. Erzählungen 2. Frankfurt a. M., Berlin u. Wien 1979. S. 195 f.
9. Leonie Marx (Anm. 5) S. 39.

scheint klar erkennbaren Gattungsgesetzen zu folgen. Eine Abgrenzung gegenüber der Anekdote, Novelle und Erzählung, wie Doderer sie vornahm, war plausibel. Eine Definition mit Hilfe der vier Merkmale Kürze, Alltäglichkeit, Offenheit und Symbolhaftigkeit, die Klaus Gerth[10] 1962 versuchte, erwies sich als hilfreich nicht nur für den Deutschunterricht, sondern auch für die Germanistik. Ihre Anwendung in der Interpretationspraxis führt zu sinnvollen Ergebnissen. Einschränkend und kritisch muß heute allerdings gesagt werden, daß die Merkmale Alltäglichkeit, Offenheit und Symbolhaftigkeit durchaus nicht allein spezifisch für die Kurzgeschichte sind, sondern sich in modernen Romanen, Erzählungen, Hörspielen oder in der Lyrik ebenfalls finden. Auch das Merkmal Kürze bereitet inzwischen Schwierigkeiten, da die bisherigen Umfangsbegrenzungen für die Kurzgeschichte erheblich ins Wanken geraten sind. Galten für die Kurzgeschichte der unmittelbaren Nachkriegszeit drei bis zehn Druckseiten als Maß, werden diese Grenzen in den Kurzgeschichten der Gegenwart nach oben wie nach unten deutlich überschritten. Insofern sind die Übergänge zur Kürzestgeschichte[11], wie sie sich in den letzten fünfzehn Jahren entwickelt hat, mit ihrer Neigung zu parabolischer Erzählweise ebenso fließend wie zur umfangreicheren Erzählung.

»Innerhalb der dreißig Jahre ihrer Nachkriegsgeschichte hat die Kurzgeschichte nicht nur Veränderungen der von ihr bevorzugten Themen erfahren (Generationskonflikte, Eheproblematik, gesellschaftliche Deformationen der Nachkriegszeit z. B.), sondern auch ihrer Form, z. T. mit noch stärkerer Eliminierung der Handlung und der Figurendarstellung.«[12] In der literaturwissenschaftlichen Forschung der

10. Klaus Gerth: Die Kurzgeschichte in der Schule. In: Hermann Helmers (Hrsg.), Moderne Dichtung im Unterricht. Braunschweig ²1972. S. 90–100. (Zuerst in: Westermanns Pädagogische Beiträge 14, 1962, S. 437–447.)
11. Vgl. Hans-Christoph Graf von Nayhauss (Hrsg.): Kürzestgeschichten. Stuttgart 1982. (Arbeitstexte für den Unterricht. Reclams UB Nr. 9569.)
12. Doris Marquardt: Erzählung, Novelle und Kurzgeschichte im Unterricht. In: Günter Lange u. a. (Hrsg.), Taschenbuch des Deutschunterrichts. Bd. 2. Baltmannsweiler ⁴1986. S. 578 f.

letzten fünfzehn Jahre sind darum auch neue Schwerpunkte gesetzt worden, die zu anderen Akzentsetzungen im Forschungsspektrum führten und die zugleich der sich verändernden Kurzgeschichte gerecht zu werden versuchten. Wolpers[13] untersuchte die »Aspekte stoffbedingter Kürze« und zeigte auf, in welcher Weise sich die Reduktion auf die Personendarstellung, den Inhalt (»signifikanter Augenblick«), den Handlungsverlauf und die Sprache der Kurzgeschichte auswirkt. Piedmont[14] dagegen beschäftigte sich mit der Rolle des Erzählers in der Kurzgeschichte und erkannte, daß hier die typische auktoriale Erzählsituation äußerst selten anzutreffen ist, vielmehr die begrenzte Erzählperspektive des Ich-Erzählers oder des personalen Erzählers bevorzugt Verwendung findet. »Der Erzähler der Kurzgeschichte liebt es, hinter den handelnden Personen oder dem erlebenden Ich zurückzutreten, ja in manchen Fällen sich bis zu einem Grade zu verflüchtigen, daß der Leser gezwungen wird, gewisse Funktionen des Erzählens selbst zu übernehmen.«[15]

Die Untersuchung von Durzak[16] kommt vor allem im Hinblick auf die Darstellung der Zeit zu neuen Ergebnissen. Die Kurzgeschichte konzentriert sich auf einen bestimmten Augenblick, eine besondere Lebenssituation, ein zentrales Ereignis; aus diesem Grunde sind nur noch die formalen Mittel der Komprimierung und nicht mehr die Ausdehnung möglich. Die Kurzgeschichte erzählt nicht von Vergangenem, sondern greift gegenwärtige Probleme, im Bewußtsein des Erzählers (Ich- oder personaler, nicht aber ein auktorialer Erzähler), auf. »Durch die Verlegung der Erzählperspektive auf das Bewußtsein einer Figur wird die Augenblicksdimension der Zeit als reine Gegenwärtigkeit manifestiert.«[17]

13. Theodor Wolpers: Kürze im Erzählen. In: Anglia. Zeitschrift für englische Philologie 89 (1971) H. 1, S. 48–86.
14. Ferdinand Piedmont: Zur Rolle des Erzählers in der Kurzgeschichte. In: Zeitschrift für deutsche Philologie 92 (1973) S. 537–552.
15. Ferdinand Piedmont (Anm. 14) S. 538.
16. Manfred Durzak: Die deutsche Kurzgeschichte der Gegenwart (Anm. 4).
17. Werner Ziesenis: Kurzgeschichte. In: Lehrerband zu »Lesezeichen« C 7. Hrsg. von Günter Lange u. a. Stuttgart 1985. S. 37.

Diese neuen Untersuchungsergebnisse ermöglichen es, die Kurzgeschichte als literarische Form der Gegenwart auf Grund ihrer charakteristischen Erzählstruktur zu beschreiben. Dabei dürfen allerdings nicht die »Einzelphänomene isoliert noch ihr komplettes Vorhandensein zur Bedingung der Gattungszuweisung gemacht werden«.[18]

Die Beschreibung der Kurzgeschichte als literarische Gattung muß bei ihren grundlegenden Merkmalen ansetzen und deutlich machen, inwiefern diese die übrigen Momente des Textes bestimmen. Letztlich ergibt sich für die Kurzgeschichte ein interdependentes Merkmalsgeflecht, in dem allerdings einige Merkmale bedeutungsvoller und gewichtiger als andere sind.

Allein aus der *Kürze* ergeben sich für fast alle erzählerischen Faktoren Konsequenzen, denn die Komprimierung oder Reduktion wirkt sich auf die Wahl und die Entfaltung des Themas, die Personen und ihre Darstellung (Anzahl, Art der Charakterisierung), die Sprache, die Raum- und Zeitdarstellung sowie den Anfang (fehlende Exposition) und den Schluß (Offenheit) aus. Symbolhaftigkeit und intensivierte Metaphorik sind letztlich ebenfalls eine Konsequenz der Reduktion.

Ein anderes grundlegendes Merkmal ist die *Erzählperspektive*. Die Kurzgeschichte ist eine Gattung, in der die eingeschränkte Erzählperspektive vorherrschend ist. Der Ich-Erzähler und der personale Erzähler werden von den Autoren bevorzugt, während der auktoriale kaum vorkommt. Diese eingeschränkte Erzählperspektive hat erhebliche Konsequenzen für das Thema und seine Behandlung, denn das Geschehen und die Personen werden nur aus einem bestimmten Blickwinkel gesehen; das Innenleben der Personen – bis auf das des Ich-Erzählers – bleibt dem Leser verschlossen. Nur auf Grund äußerer Handlung kann auf Motive und Gefühle rückgeschlossen werden. Auch die Offenheit bzw. Unabgeschlossenheit der Kurzgeschichte kann als Konse-

18. Doris Marquardt (Anm. 12) S. 579.

quenz der eingeschränkten Erzählperspektive betrachtet werden, denn der unmittelbar betroffene Erzähler ist durch seine eingeschränkte Perspektive nicht in der Lage zu werten, zu urteilen oder Konsequenzen zu ziehen. Die Raumdarstellung und die Naturbeschreibungen erfahren auf Grund der Erzählperspektive ebenfalls eine Einschränkung, da sie auf das allein für den Erzähler und seine Geschichte Wichtige reduziert werden.

Als weiteres grundlegendes Merkmal sind *Stoff, Thema und Inhalt* zu nennen. Es ist charakteristisch für die deutsche Kurzgeschichte nach 1945, daß sie sich ausschließlich mit Themen und Problemen der Gegenwart beschäftigt. Den Schriftstellern bietet sich in der Kurzgeschichte eine Gattung, durch die sie sich mit aktuellen Fragen auseinandersetzen können. Darum werden in der Kurzgeschichte nicht nur Themen der unmittelbaren Nachkriegszeit behandelt, sondern auch die jeweils neu entstehenden politischen und gesellschaftlichen Probleme von 1945 bis in die Gegenwart. Die Formulierung von Hans Bender, die Kurzgeschichte sei als literarische Gattung ein »Chamäleon«, drückt diesen Tatbestand anschaulich aus.[19]

Ergänzend zu dem inhaltlich-thematischen Aspekt muß hervorgehoben werden, daß die Kurzgeschichten-Autoren Thema oder Inhalt ihrer Geschichten so auswählen, daß sie *eine besondere Situation, einen wesentlichen Augenblick im Leben eines Menschen* erfassen. Klaus Doderer spricht in seiner Untersuchung sogar von einem »Schicksalsbruch«.[20] Es handelt sich um eine Momentaufnahme, in der die Handlung zwischen den Personen oder das Erleben einer Person kulminiert und die darum dem Leser ganze Reflexions- oder Erfahrungsräume erschließt. Es sind vor allem Situationen mit Tiefenwirkung, die komplex und mehrschichtig sind, welche die Autoren zum Inhalt ihrer Kurzgeschichten machen.

Diese Fixierung auf die Darstellung einer wichtigen Situation

19. Hans Bender: Ortsbestimmung der Kurzgeschichte. In: Akzente 9 (1962) H. 3, S. 207.
20. Klaus Doderer (Anm. 1) S. 90.

wirkt sich natürlich auf die gesamte Erzählstruktur der Kurzgeschichte aus. Zugleich ergibt sich hier eine Korrespondenz zwischen Inhalt und Reduktion. Eine erzählerische Momentaufnahme verzichtet notwendigerweise auf alles Unwesentliche in der Darstellung von Handlung, Personen, Raum und Zeit. Der Erzählablauf ist allein auf die zentrale Situation ausgerichtet, so daß Nebenhandlungen entfallen. Folglich zählen auch Raffung und Aussparung zu den wichtigsten Erzählprinzipien der Kurzgeschichte. Diese Zielgerichtetheit im Erzählen führt außerdem dazu, daß Erzählzeit und erzählte Zeit in der Kurzgeschichte ein Höchstmaß an Annäherung erfahren, häufig verlaufen sie sogar synchron. Zusammenfassende Berichte und szenische Darstellungen werden bevorzugt, während Beschreibungen und Erörterungen wegen ihrer retardierenden Wirkung fehlen. In der unmittelbaren Nachkriegszeit wählten die Kurzgeschichten-Autoren mit Vorliebe eine dramatische Handlung, in der Kurzgeschichte der Gegenwart werden eher Handlungen mit reflexivem Charakter bevorzugt.

Inhalt und Thema sind weiterhin durch ihre *Alltäglichkeit* charakterisiert. Das heißt, die Autoren suchen ihre Stoffe im täglichen Leben, auch die Personen sind alltäglich. Ihre häufige Namenlosigkeit ist ein Ausdruck der Verallgemeinerbarkeit von Personen und Geschehen. Die Alltäglichkeit spiegelt sich ebenfalls in der Sprache der Kurzgeschichten wider. Vor allem die Autoren der Nachkriegszeit verzichteten in ihren Kurzgeschichten bewußt auf eine Fortsetzung der literaturästhetischen Tradition und orientierten sich verstärkt an der Umgangssprache. Hierbei entwickelten sie freilich in kurzer Zeit ganz neue ästhetische Ausdrucksformen (z. B. der expressiv metaphorische Sprachgebrauch bei Borchert, seine Neigung zu elliptischem Satzbau und das bewußt eingesetzte Mittel der Wiederholung), die literarisch weiterwirkten.

Bei einer systematischen Betrachtung der Kurzgeschichte muß sich das Augenmerk endlich auch auf den *Leser* richten, denn alle bisher aufgeführten Merkmale haben letztlich Folgen für den Rezipienten. Er muß sich auf Grund der Reduktion und ihrer Konsequenzen aus sparsamsten Andeutungen mit Hilfe seiner Phantasie die Erzählsituation erst rekonstruieren und seine Erzählwirklichkeit schaffen. Oft läßt ihn das einmalige Lesen einer Kurzgeschichte ratlos zurück, da die Kurzgeschichte den traditionellen Lektüregewohnheiten zuwiderläuft und die üblichen Lesehilfen nicht zur Verfügung stellt. »Das kurzgeschichtliche Erzählen verzichtet auf solche Hilfeleistungen, drängt dagegen den Leser selbst in die Rolle des Erzählers, indem es ihm die Aufgabe überträgt, seine Reaktionen auf das tatsächlich Erzählte als wesentlichen Bestandteil in die Geschichte zu integrieren.«[21]

Zum Abschluß wollen wir noch einen Blick auf die thematisch-inhaltliche Entwicklung der deutschen Kurzgeschichte seit 1945 werfen, um so ihre historisch-gesellschaftlich bedingten Schwerpunktbildungen und Veränderungen zu verdeutlichen.

Etwa bis in die Mitte der 50er Jahre beschäftigten sich die deutschen Kurzgeschichten-Autoren vornehmlich mit den Problemen des Krieges und der Nachkriegszeit. Dabei spielte weniger die konkrete Auseinandersetzung mit dem Nationalsozialismus und seinen Verbrechen eine Rolle als das unmittelbare Elend und Leiden der Menschen.

Ab Mitte der 50er Jahre bis in die Mitte der 60er Jahre veränderten sich Erzählweisen und Themen. Eine subtilere Gestaltung und eine psychologisch vertiefte Figurenzeichnung korrespondierten mit neuen Inhalten: Die Lebensumstände in der Bundesrepublik erscheinen den Autoren zunehmend bedrohlicher und undurchschaubarer; Gesellschafts- und Umweltprobleme, Jugend- und Ehekrisen, das Wirtschaftswunder und seine Auswirkungen auf das Zusammenleben der Menschen, die Todesthematik werden behandelt. Außerdem drängt sich das Thema der Vergangenheitsbewältigung, die Aufarbeitung der Zeit des Nationalsozialismus, stark in den Vordergrund.

In der Mitte der 60er Jahre verliert die Kurzgeschichte zeit-

---

21. Ferdinand Piedmont (Anm. 14) S. 548.

weilig an Bedeutung. Ihre wichtigsten Autoren wie Lenz, Böll, Rinser, Schnurre, Kaschnitz, Aichinger usw. wandten sich von dieser Gattung gänzlich ab oder legten eine vorübergehende Produktionspause ein. Mitverantwortlich dafür mag das mangelnde öffentliche und daher auch verlegerische Interesse an dieser Gattung gewesen sein.

Alsbald drängten aber junge Autoren an die Öffentlichkeit. Gabriele Wohmann, Josef Reding, die Schweizer Kurt Marti und Peter Bichsel, Alexander Kluge, Otto Jägersberg, Angelika Mechtel u. a. und seit Anfang der 70er Jahre auch DDR-Autoren wie Reiner Kunze, Günter Kunert, Jurek Becker, Rolf Schneider, Erich Loest. Deutlich erkennbar ist, daß die Kurzgeschichte dieser Zeit immer mehr zur Ich-Form tendiert, in der es leichtfällt, eine direkte Beziehung zum Leser herzustellen und bei ihm ein Gefühl von Authentizität zu erzeugen. Zeitkritische Themen bleiben bis in die Gegenwart vorherrschend: die Gegensätze zwischen der Wohlstandsgesellschaft und den Notleidenden, die unterschwelligen gesellschaftlichen Verdrängungsmechanismen, die Unmenschlichkeiten im gesellschaftlichen und politischen System, Probleme der Gastarbeiter, Probleme am Arbeitsplatz, die Studentenbewegung, der Radikalenerlaß und seine Auswirkungen, staatliche Einschüchterung. Ganz stark im Vordergrund stehen aber die Probleme im zwischenmenschlichen Bereich: Ehe- und Partnerschaftskrisen, Versuche, sich zu emanzipieren, und Versuche der Selbstfindung. Durch die DDR-Autoren werden Themen wie das Leben in der DDR, dortige gesellschaftliche Probleme, aber auch die Entfremdung zwischen den Menschen beider deutscher Staaten angesprochen. Es zeigt sich, daß in den Kurzgeschichten der DDR und der Bundesrepublik Schwierigkeiten im zwischenmenschlichen Bereich und Versuche der Selbstfindung und -verwirklichung in ähnlicher Weise thematisiert werden.

Die Kurzgeschichte besitzt eine gewisse Ausstrahlung auch auf andere Bereiche der Literatur. So orientierten sich verschiedene Jugendbuchautoren an dieser Gattung, übersetzten sie in die Kinder- und Jugendliteratur und entwickelten eine der Kurzgeschichte sehr ähnliche Form: die »realistische Kindergeschichte«. Beispielgebend war hier Ursula Wölfel mit ihrem Geschichtenbuch *Die grauen und die grünen Felder* (1970). Als ein wichtiges Publikationsorgan für diese neuen Kurzgeschichten für Kinder erwies sich das *Jahrbuch der Kinder- und Jugendliteratur*, das von Hans-Joachim Gelberg herausgegeben und betreut wird. Den Jugendbuchautoren eröffnet sich durch die Übernahme der Kurzgeschichte die Möglichkeit, die Umwelt der Kinder wirklichkeitsnah, d. h. in aller ihrer Problematik und Härte, darzustellen, um so ihre jungen Leser zu einer Auseinandersetzung mit ihr zu ermutigen.[22]

Dieser knappe Überblick zeigt, wie sensibel die Kurzgeschichte auf alle gesellschaftlichen Entwicklungen reagiert und daß sie ihre Leser immer wieder zur Beschäftigung mit aktuellen (gesellschaftlichen) Fragen herausfordert. Es erweist sich, daß die Kurzgeschichte »nach wie vor eine der vitalsten literarischen Gattungen der deutschen Gegenwartsliteratur« ist.[23]

22. Vgl. Theodor Karst: Realismus in der Kinder- und Jugendliteratur sowie: Realistische Kindergeschichte. Beide Artikel in: Lexikon der Kinder- und Jugendliteratur. Hrsg. von Klaus Doderer. Bd. 3. Weinheim u. Basel 1979. S. 135 f. u. 137 f.
23. Manfred Durzak (Anm. 4) S. 457.

III. Texte

1. Nachdenken über sich selbst

Kurt Marti: Charlie Mingus ist tot

Auch das Wetter ist ganz durcheinander, sagen die Leute: Ende Oktober, aber sommerlich warm. Niemand hat etwas dagegen. Der Winter kommt noch früh genug.

Raymond schwänzt. Für Primaner kein Problem, man muß nur wissen, was das Notenkonto zuläßt – Minimalismus, schimpfen Lehrer und Eltern, aber »Oekonomie der Kräfte« ist das richtige Wort. Auch sie will eingeübt werden. Nicht für die Schule, fürs Leben lernen wir.

Heute wär' Sprachnachmittag: Latein (elende Wiederkäuerei), Deutsch (zum Abgewöhnen der Literatur), Französisch (mehr als ein Vierer ist sowieso nicht mehr drin).

Und vor irrsinnig blauem Himmel leuchten jetzt alle erblickbaren Laubbäume kupfrig, goldgelb, hellbraun, rötlich. Kann man besser denken, nachdenken als so, als spazierenderweise? Peripatetisch werden wie einst die Denker der Antike. Und unter Antike stellt er sich vor: Sonne, Olivenhaine, Meer und Müßiggang, mal allein, mal mit andern zusammen. Doch leider ist Müßiggang geächtet, Philosophie auf den Hund gekommen deswegen. Nietzsche schon hat's zu spüren bekommen, ein Dozentenkollege soll gelästert haben, »der Nietzsche, der geht ja den ganzen Tag spazieren und tut weiter nichts, da ist es leicht, Gedanken zu haben«. So hat's Ischer erzählt, der alte, der pfiffige Physiker. Der weiß eine Menge subversiver Anekdoten.

Philosophie: kein möglicher Beruf. Ebensowenig Spaziergängerei. Raymond hat keine Ahnung, was er einst, was er bald schon werden soll.

Etwas wird man wohl immer. Sieht er nicht lauter Leute um sich, die etwas geworden, die offenbar tüchtig und auch erfolgreich sind? Papa, Mama, die Onkels und Tanten, die

Nachbarn, die Freunde der Eltern, die zu Besuch kommen hie und da, die Eltern der Mitschüler ebenfalls.

Es gibt für jeden ein Plätzchen, dafür ist gesorgt, pflegt Tante Trudy zu sagen, ohne allerdings verraten zu wollen, *wer* dafür sorgt. Das Schicksal vermutlich. Oder Ihre Majestät, die Gesellschaft. Oder der liebe Gott persönlich.

ES GIBT VIEL ZU TUN, PACKEN WIR'S AN. Esso: was nicht alles so hochkommt beim Gehen.

Jürg Tschachtli, Raymonds Freund, will Lehrer, Sekundarlehrer, werden, um Basisarbeit zu leisten, so sagt er. Mit fast rührendem Ernst glaubt er an Erziehung, an Bildung, aber natürlich nicht an die, die sie selber bekommen haben.

Unter all den erfolgreichen Leuten ringsum ist Vater Tschachtli übrigens die einzig sichtbare Ausnahme, die peinliche Panne sozusagen. Auch er hat zwar sein Plätzchen gefunden und errackert gehabt, dann aber plötzlich verloren. Dabei glaubt man, so etwas könne just einem Direktor bestimmt nicht passieren. Haben Rezession und Wechselkursschwankungen seine Proton AG, eine mittlere Apparatebau-Firma, in Schwierigkeiten gebracht? Man sagt es. Es gibt viel zu tun. Packen wir's an. Ess-o-Ess.

Von Wechselkursen, von Wirtschaft überhaupt hat ein Gymnasiast humanistischer Richtung keinen Hochschein, es sei denn, er informiere sich wie Jürg aus eigenem Antrieb. Neuerdings versucht die Schulleitung zwar, diesem Manko abzuhelfen und veranstaltet Wirtschaftswochen. Das war nach den Sommerferien. Manager unterer Stufen sind aufgekreuzt und haben erklärt, was außer Jürg dann doch niemand begriffen hat. Lustiger wurde es erst, als die Klasse hat Managerlis spielen dürfen. Mit Hilfe eines Computers haben sie munter drauflos Gewinne erwirtschaften, Kosten und Verluste berechnen, Produktionen rationalisieren, überflüssige Arbeitskräfte entlassen dürfen. Nach ein bißchen Anleitung ging das wie geschmiert. Zuletzt war die imaginäre Firma bankrott.

Wie Monopoly, hat Jürg mitten in der Übung geflüstert und mit scheinheiliger Beflissenheit gefragt, ob man in Anbetracht der hohen Lohnkosten hierzulande das supponierte Unternehmen nicht in ein Billig-Lohn-Land verlegen könnte? Hocherfreut hatte der Wirtschaftsapostel ausgerufen, das nun, ja das sei eine sehr gute Frage!

Nachher grinste Jürg: Meiner brillanten Managerkarriere dürfte wenig mehr im Wege stehen.

Packen wir's an. Es gibt viel zu tun. Warum sind schuften und Schuft fast dasselbe Wort?

Papa Tschachtlis Pech hatte darin bestanden, daß die von ihm geleitete Fabrik durch ein größeres Unternehmen verschluckt worden ist und er der Fusion – wie der Verschlingungsvorgang benannt worden ist – zum Opfer fiel. Er war da leider schon einundfünfzig gewesen, zu alt, um von neuem eine ähnliche, eine leitende Stellung und erst noch in einem nun frisch dynamisierten Konzern bekleiden zu können. Dafür standen genug jüngere Männer zur Verfügung, die noch voll belastbar und ehrgeizig waren, in harten amerikanischen Managerschulen trainiert. Packen wir's an. Packen wir's an.

Für Raymond sind das Nachrichten aus einer ihm bisher kaum bekannten Welt, die ihm leider festen Schritts entgegenkommt, sieggrinsend, beutesicher. Schlimmstenfalls wird er halt Jurist, wie Paps, und sucht sich ein stilles Plätzchen in der Verwaltung. Aber auch das kann er sich nicht vorstellen.

Flußgeräusch, Wassergeruch. Zwischen Gebüsch und Baumstämmen ist das zügige Spiegelspiel der Wellen aufgetaucht, die Aare.

Raymond geht flußaufwärts, erst im Sprenkelschatten von Bäumen, dann draußen auf dem Dammweg unter der Sonne. Andere, meist ältere Leute, sind ebenfalls behaglich unterwegs. Ihm fällt, kein Wunder, das Wort »Altweibersommer« ein. Denken im Gehen, zumal es im Freien zu einem Sehdenken und Denksehen wird, ist lustig, weil sprunghaft. Auf Esso, Tschachtli, Altweibersommer folgt unerklärlich der runde, komplette Satz: »Charlie Mingus ist tot.« Natürlich ist er tot, eine ganze Weile schon. Und natürlich ist eine

17

Mingus-Platte des älteren Bruders (mit *Freedom* drauf) das erste Jazzerlebnis gewesen. Wie lange mag das wohl her sein? Sechs, sieben Jahre? Und natürlich besitzt Raymond *Me, Myself, An Eye*, Charlies Testament: bei den Aufnahmen saß Mingus, todkrank schon, im Rollstuhl. Doch warum dieser Satz eben jetzt? Wegen der älteren Leute, denen er begegnet, die er überholt? Charlies Altweibersommer, Esso und Mingus, Tschachtli und Freedom. Fast alle in der Klasse, auch er, stehen zur Zeit auf Reggae: Bob Marley, Peter Tosh, Jimmy Cliff & Co.

Im Gehen denkt und sagt es sich halt gut so: Charlie Mingus ist tot, Charlie Mingus ist tot. Vielleicht baggern Bewegungsablauf und Rhythmus des Gehens Gedanken empor, die im Sitzen so nicht aufsteigen würden: das Geheimnis der Peripatetiker eben. In einer Schulbank erstirbt das Denken bald. Kein Rhythmus, nichts. Man hockt nur da wie ein Sack, in den von Stunde zu Stunde Wissen gestopft wird, Wissensmüll.

Und Raymond kommt zum Schilfplatz Bitschistan, so benannt nach Bitsch/Bitschi/Tritsch, Beatrice eigentlich, mit der er letztes Jahr oft hier gelegen hat. Längst führt Bitschitritsch ihre Schlaksigkeit wieder in Luzern spazieren. Eine so tolle Fasnacht wie in Luzern, das gebe es halt nirgends sonst, hat sie gesagt, in Bern schon gar nicht, in Bern ist überhaupt nichts los. Und Charlie Mingus. Und leichten Fußes geht Raymond vorüber. Erst viel weiter oben setzt er sich auf eine der sonnenwarmen Steintreppen, die ins Wasser führen, klaubt Steinsplitter aus den Fugen zwischen den Dammquadern, wirft sie ins eilige Wellengeschehen.

Und weshalb Karl May jetzt? *Durchs wilde Kurdistan*. Und gleich weiter: durchs wilde Bitschistan, Mingustan, Tschachtlistan, Schuftistan. Ums graue Meilistan haben wir heute einen großen Bogen gemacht. Und Mufti, was ist ein Mufti? Mufti ist besser als Schufti, das ergibt sich wie von selbst. Und sofort stellt auch Zubb sich ein, arabisches Wort für Schwanz, Beni hat das irgendwo aufgeschnappt und weiter kolportiert. Seither gehört Zubb zum Klassenjargon:

Mein Zubb, dein Zubb, der Zubbi auch, zupf doch am Zubbi, durchs wilde Zubbistan. Zubbzubb, zippzipp: wenn die kleinen grünen Männlein mit Miniantennen im Schädel aus ihren UFOS steigen werden. Zippzipp hallo, da wären wir jetzt.
Aber der Anblick gleitenden Wassers löscht Bilder, Wörter, Erinnerungen vorerst aus, das Auge hat genug zu tun mit Flutenflucht, Wellenverwandlung, Glanzwechseln, Wirbellaunen: eine einzige Glutsch- und Wisperwelt in ruhiger, zugleich verrückter Bewegung. Endlos glaubt man zuschauen zu können, kann oder will dann aber doch nicht.
Raymond überlegt, ob er nachher noch weiter flußaufwärts oder ob er zurückgehen will, mag sich aber nicht entscheiden, lehnt zurück, beide Ellbogen hinter sich auf eine der nächsthöheren Stufen gestützt, die dunkelnde Baumreihe des gegenüberliegenden Flußufers im Blick, darüber das Blau des Himmels, für das er vergeblich ein passendes Eigenschaftswort sucht. Wortloses Blau halt, noch nicht durchgoldet, doch im Begriff, es demnächst zu werden.
Blöd, denkt es plötzlich daher. Blöd was? Alles ein wenig, nichts im Grunde. Daß sein Moped kaputt ist? Die Mathematikprobe morgens? Daß er keine Freundin hat, momentan? Ziehendes Wasser, die Wellen, die sich gegenseitig verschlingeln:

> »So ist der Welten Lauf,
> einer frißt den andern auf.«
> Esso. Tschachtli. Freedom.

Auch Jürg hat kein Mädchen, ist aber nicht scharf darauf, behauptet, gar keine Zeit »dafür« zu haben, er ist aktiv im letzten Politgrüpplein, das am Gymnasium noch übriggeblieben ist, jämmerlich genug, halb Mauerblümchen (niemand will), halb Untergrund (wenigstens in den Augen des Rektors, des Gespensterschers).
Jürg, der Unentwegte! Den sozialen Abstieg seines Vaters trägt er mit einem Gleichmut, für den Raymond ihn bewundert. Das kleine Ferienhaus am Murtensee hat verkauft werden müssen. Selbstverständlich nahm jedermann an, im Laufe

seiner Direktorenjahre habe Herr Tschachtli doch bestimmt finanzielle Reserven anlegen können. Niemand kann fassen, daß das kaum der Fall war. Das Ferienhäuschen scheint hypothekarisch hoch belastet gewesen zu sein, so warf der Verkauf nur wenig Gewinn ab.

Wieviele Bewerbungsschreiben Papa Tschachtli verfaßt und verschickt hat, weiß niemand. Täglich soll er Briefe getippt haben, neben sich den *Bund*, die *Berner Zeitung*, die *Neue Zürcher Zeitung*. Erfolg gleich null. Im Militär ist Herr Tschachtli dummerweise bloß Oberleutnant geblieben, gehört damit nicht zur Groß-Loge der höheren Offiziere, die sich gegenseitig Stellen zuschanzen im festen Glauben, ein höherer Offiziersgrad sei die beste Empfehlung für Führungsposten auch im Zivilleben. Einen Major, einen Oberst, glaubt Jürg zu wissen, hätte die Loge nicht stellenlos und dann unterbezahlt in der Tinte sitzen lassen, auch einundfünfzig Jahre wären kein Problem und kein Hindernis gewesen.

Für ihn, sagt Jürg, sei Vaters Fall zum Lernprozeß geworden und habe ihn im Entschluß noch bestärkt, nie in die Scheiße der freien Marktwirtschaft einzusteigen.

Nur: kann man das, *nicht* einsteigen? Sind wir nicht längst eingestiegen und sitzen im fahrenden Zug recht komfortabel, auch wenn kein Mensch weiß, wohin die Fahrt führen wird?

Raymond hat nie Lust verspürt, auszusteigen. Der Kluge bleibt im Zuge. Jürgs Politgrüpplein serbelt nicht umsonst so kläglich dahin. Macht es dir denn gar nichts aus, eine parasitäre Existenz zu führen?, hat der Freund gefragt. Nein, eigentlich nicht. Klar ist aber auch für ihn, daß er nicht für einen Job in der Wirtschaft taugt, im Gegenteil, auch ihn erschrecken, ängsten diese Essostans, Protonistans mit wer weiß wievielen Tschachtlileichen in ihren Schränken und Safes. Ebensowenig ist er allerdings zum Systemveränderer (wie der Rektor sie nennt) geeignet oder motiviert.

Parasit dann halt. Parasiten aller Länder vereinigt euch! Wir sitzen alle im gleichen Zug, fahren zu einer Fasnacht, die noch

20

weit toller wird als die von Luzern. Und spielen werden: Charlie Mingus, Bob Marley. Zum Kehraus: Nuklear-Rock und Esso-Blues. Tritsch wird große Augen machen. Leider ist auch Parasit kein möglicher Beruf. Oder parasitärer Peripatetiker.

Ein Paddelboot gleitet vorüber, ein Zweier. Die sind ja verrückt, in dieser Jahreszeit.

Am meisten scheint Frau Tschachtli unter dem Abstieg ihres Gatten zu leiden. Daß sie auf den Zweitwagen verzichten mußte, hätte sie, laut Jürg, verschmerzen können. Daß bisherige Bekannte aber, vermeintlich gute Freundinnen sogar, sich zwar diskret, aber eben doch unschön, von ihr zurückgezogen haben, mache ihr schwer zu schaffen. Sie ist menschenscheu geworden, scheint düsteren Gedanken nachzuhängen.

Herr Tschachtli hat jetzt wieder eine Stelle – und was für eine! Vertreter hat er werden müssen, mit bescheidenem Fixum, mit miserabler Verkaufsprovision. Traurig rackert er sich offenbar ab, putzt Türklinken, die Demütigung ist vollkommen. Nur selten noch sei er während der Woche zu Hause – »es gibt viel zu tun, packen wir's an« –, reise allerlei Fabriken nach, klappere Geschäfte, Büros ab, um ihnen Ventilationsapparate anzudrehen, übernachte in billigen Hotel- und Gasthofzimmern. Der Erfolg sei mäßig, sagt Jürg, man komme knapp über die Runden.

Für Papa Tschachtli ist unser aller Zug recht unbequem geworden. Und keine Fasnacht am Ziel. Pech eben, hieß es an Raymonds Familientisch, bedauernswert, die arme Frau Tschachtli, ein Schicksalsschlag, nur gut, daß so etwas die Ausnahme ist.

Und vor Augen der Fluß, unablässig mit sich selbst beschäftigt, ein munterer Selbstunterhalter, der weiß, wo er hin will: in den Wohlensee, und vom Wohlensee in den Bielersee, und vom Bielersee in den Rhein, und mit dem Rhein ins Meer.

Herzblau, fällt Raymond plötzlich ein. Das Wort verwundert ihn, er steht auf, klopft sich den Hosenboden sauber, steigt auf den Damm empor und geht zurück, flußabwärts.

21

Und im Gehen gleich wieder: Charlie Mingus, Charlie Mingus.

Gibt es das überhaupt: herzblau? Was würde Meili, der Deutsch- und Brechtlehrer, sagen, wenn er in einem Aufsatz vom herzblauen Himmel läse? Brecht soll ja gar nicht so übel sein, heißt es. Aber Brecht mit Meili, das stellt einem ab, da versinkt bald alles in einer Soße gräulicher Gähnigkeit. Ess-O-Ess! Gegen diesen Brecht hilft nur noch schwänzen. Meili wäre imstand, den Satz vom herzblauen Himmel der Klasse vorzulesen, von einer problematischen, fast aber genialen Metapher zu schwätzen, anbiedrig wie immer, um Zuneigung buhlend. Die Vorstellung solchen Meili-Lobs genügt, um alle Lust an dem Worteinfall zu verlieren. Dann lieber Zubb und Mufti und Mingus.

Raymond geht und lacht vor sich hin: Mingus, mein blauer Mufti, zubbst und zupfst deinen Baß jetzt wohl im unermeßlichen Himmel, die Akustik muß dort großartig sein, auch ist man der Sonne, so wenigstens malt man sich aus, um einiges näher als selbst in Texas oder in Griechenland, wo's im Winter ebenfalls kalt werden kann. Und erst recht hierzulande, verdammt: Kälte draußen, Dumpfheit drinnen, Schulbank, Schuften, Meili & Co.

Oft hat er sich gefragt, wie sein Vater, höherer Jurist der PTT, einen Tschachtli-Abstieg verkraften würde. Papa ohne Stelle und Arbeit? Paps als demütiger Klinkenputzer? Nicht vorzustellen. Er ist an gute Zeiten gewöhnt, er glaubt an immerwährenden Aufstieg und Fortschritt, der, kommt Zeit kommt Rat, alle Probleme wird lösen können.

Da kannst du nichts machen, hat Jürg einst bemerkt, unsere Eltern sind halt Kinder der Konjunktur.

Mit der aber ist's vorbei, immer vorbeier.

Allmählich wird das Blau des Himmels von Gold durchzogen, die Aare scheint dunkler geworden zu sein, die meisten Baumgruppen des gegenüberliegenden Ufers stehen im Schatten.

Angelika Mechtel: Katrin

Ich habe seine Kinder geboren. Ich habe mich eingeordnet. Ich habe versucht, ihn zu sehen, wie ich sah, daß meine Mutter ihren Mann gesehen hatte. Ich habe gelernt, Windeln zu waschen, Kinder zu trösten und Ordnung zu halten.

Ich habe einmal Mathematik und Latein gelernt, Physik und Französisch. Ich war eine mittelmäßige Schülerin. Ich habe mich streicheln lassen und schlagen. Ich habe zurückgeschlagen; habe gelernt, daß er mir überlegen ist.

Ich habe meinen Leib beobachtet, wie er anschwoll. Ich habe die Geburten überstanden; habe mir gesagt, dafür bist du eine Frau. Ich habe mir zugeredet, ich wollte glücklich sein. Ich habe ihn zur Arbeit geschickt und das Essen gekocht.

Ich habe seine Angst gesehen, als ich im Fieber lag, und seine Ungeduld, wenn das Baby schrie.

Ich habe zugelassen, daß er meine Mutter fortschickte, weil sie in der Ein-Zimmer-Wohnung die Windeln am Ofen trocknete und die Milch vors Fenster stellte. Ich habe gelernt, daß er sagen durfte, was er dachte: Was sollen die Leute von uns denken? Ich habe nichts begriffen. Ich habe mich eingelebt.

Ich habe nach seinem Ärger gefragt. Ich habe ihm zugehört; habe seinen Chef begrüßt, Kollegen bewirtet.

Ich habe mich von seiner Mutter belehren lassen. Ich war freundlich zu ihr. Ich habe von ihr gelernt, wie er gewohnt war zu leben und was er am liebsten aß. Ich habe mich darauf eingestellt. Ich habe mir sagen lassen, wie sie ihre Kinder erzogen hat. Ich habe meinen Kindern beigebracht, bitte zu sagen und danke, einen Knicks zu machen oder einen Diener, die schöne Hand zu geben und Weihnachtslieder zu singen. Ich habe ihren Sohn kennengelernt. Ich habe Angst gehabt.

Ich habe versucht, verständig zu sein und Nachsicht zu üben. Ich habe die Fehler bei mir gesucht. Ich habe immer gehofft, daß er auch mein großer Bruder sein könnte. Davon habe ich ihm nie etwas gesagt.

Ich habe ihm gesagt, daß ich ihn liebe. Ich habe Zärtlichkeit

23

gelernt; habe die Kinder in Schutz genommen, wenn er wütend war; habe gelernt, daß er wütend sein durfte. Ich habe es mir erklären können. Ich bin nicht verzweifelt. Ich habe mir gesagt, daß ich glücklich bin.

Ich war glücklich, wenn er mich in seinen Armen begrub, wenn er freundlich war. Ich habe ihn trösten können, habe ihm Mut zugesprochen. Ich hatte mir einen sanften Mann gewünscht. Ich habe in geschlossenen Räumen geweint. Ich habe gewußt, daß Depressionen krankhaft sind. Ich habe mich allein gefühlt. Ich habe mir Mut gemacht. Ich habe gesehen, wie meine Hände den Händen meiner Mutter ähnlich wurden; habe mir gesagt, daß die täglichen Niederlagen nichts sind gegen meine Zuneigung. Ich habe mich nicht gefragt.

Wir haben die Anfänge überstanden. Ich habe gelernt, mit seinen Ängsten zu leben. Ich habe ihn geweckt, wenn er nachts in seinen Träumen schrie, habe ihm gesagt: Ich bin es. Ich habe mir seine Träume erzählen lassen. Ich habe zugehört. Ich habe gelernt, auch seine Schwester zu sein. Ich habe mir sagen lassen, daß ich eine mütterliche Ausstrahlung hätte. Ich habe mir gedacht, du mußt warm und weich sein wie ein Muttertier; du mußt eine Höhle sein. Ich habe unsere Kinder geliebt. Zuflucht, habe ich gedacht. Ich habe mich preisgeben wollen, aber ich habe es nicht gekonnt. Ich habe mich schuldig gefühlt.

Ich habe mir vorgestellt, daß es vorübergeht, daß wir älter werden und ruhiger. Ich habe gelernt, daß ich einen Mann nicht mehr ändern kann. Ich habe mich nicht daran gehalten.

Ich habe gelernt, Latein zu vergessen und die höhere Mathematik.

Ich habe ihm Mut zugesprochen, als er arbeitslos wurde. Ich habe gelernt, Umzüge zu organisieren, Wohnungen einzurichten und mit dem Geld auszukommen. Ich habe die Krankheiten unserer Kinder überstanden. Ich habe Träume gehabt.

Ich habe Tabletten geschluckt gegen Kopfschmerzen, Tabletten gegen Schlaflosigkeit; ich habe Rückenschmerzen behandeln lassen und Blutarmut. Ich war eine Schlafwandlerin.

Ich habe streiten gelernt; habe Grabenkämpfe geführt. Ich bin in die Verweigerung gegangen, ich habe kein Wort mehr mit ihm gesprochen. Ich bin wütend geworden, wenn er wütend war. Ich habe mir gewünscht, daß die Kinder schnell groß werden.

Ich habe kapituliert, habe mir die Pulsadern aufgeschnitten, aber ich habe nicht sterben wollen. Ich habe es zugelassen, daß er mir den Arm abband; daß er für den Hausarzt einen Unfall erfand. Ich habe gehofft, daß einer fragen würde.

Ich habe mich selbst gefragt.

Wir haben es überstanden. Ich habe ihm den beruflichen Erfolg gewünscht. Ich habe um zwei Kindergartenplätze gekämpft; habe die Oberschwester mit Geschenken bestochen. Ich habe die Pille genommen. Ich habe mir gesagt: Du kannst keine Angst mehr haben. Ich habe meine Gefühle abgewehrt; ich habe eine Grenze gezogen. Ich habe nicht mehr zugelassen, daß mich einer verletzt.

Ich habe Schreibmaschine schreiben gelernt und Stenografie. Ich habe eine Arbeit angenommen. Ich habe Selbstvertrauen gewinnen wollen. Ich habe Geld nach Hause gebracht. Zu Weihnachten habe ich einen Kreislaufkollaps überwunden.

Ich habe halbtags gearbeitet wegen der Kinder.

Wir haben uns Urlaub leisten können und Anschaffungen. Wir sind vorangekommen. Ich habe nicht auf die Zeit geschaut. Ich habe gesagt: Die Neunzig-Stunden-Woche bringt mich nicht um.

Meine Hoffnungen habe ich nicht aufgegeben, ich habe sie verschüttet.

Wir haben ein Haus gebaut; haben die Kinder aufs Gymnasium geschickt. Wir sind dem Elternbeirat beigetreten. Wir haben uns engagiert, wo wir selbst betroffen waren. Wir haben es vermieden, Erinnerungen nachzuhängen. Ich habe mich arrangiert; habe gelernt, mit seinem Temperament

umzugehen. Ich bin nicht untergegangen. Ich habe wieder Latein und Mathematik gelernt, als die Kinder es lernten.
Ich habe es nicht aufgegeben, mich von meinem Glück zu überzeugen. Ich bin hartnäckig gewesen. Ich habe es für mich behalten. Unsere Tochter habe ich zum Protest erzogen.
Ich habe gelernt, allein zu sein.
Gestern habe ich meine Tochter in Begleitung eines jungen Mannes gesehen. Ich habe ihm davon erzählt. Ich habe gesagt: Sie ist dir ähnlicher als mir. Ich habe mich gefragt, ob das eine Chance ist.

2. Beziehungsprobleme

Klaus Schlesinger: Neun

Da ist einer, der will fliegen. Er ist gerade neun geworden, an diesem Tag neun Jahre, und jetzt will er endlich fliegen. Er weiß noch genau, daß sein Vater sagte: Wenn du Geburtstag hast, machen wir einen RUNDFLUG. Er weiß es noch genau, auch wenn es schon lange her ist, unendlich lange, wie ihm scheint, lange vor der TRENNUNG; und was seither war, kommt ihm vor, wie das Doppelte seines Lebens. Aber er weiß es noch ganz genau. Er weiß es morgens, wenn er in seinem Bett liegt und auf die Geräusche wartet, die andeuten, daß MUTTERS BESUCH gegangen ist. Er weiß es in der Schule, wenn er aus dem Fenster sieht und die Stimme des Lehrers verschwimmt und wie von ganz weit her kommt. Und er weiß es jetzt. Und er weiß auch, so eine Gelegenheit kommt nicht wieder: Die Schule fällt aus, Frau Weise ist krank, sagte der Direktor und: Ihr habt heute frei. Er müßte in den Hort gehen, er ist kein HAUSKIND, aber er *muß* ja nicht in den Hort gehen, und heute ist er neun geworden und will fliegen. Du bist oben am Himmel und schwebst, und alles ist ganz klein. Also weg, also raus. Da steht er im Flur der Schule, die Treppe rechts geht zu den Klassenräumen, die Treppe links zum Hort, es hat schon geklingelt, alle sind weg, und er steht allein. Also raus und weg. Aber er ist wie angewurzelt. Da ist das Tor, aber er kann nicht gehen. Hauskind oder Hortkind, fragt eine Stimme. Der steht vor ihm, der Mann, genau zwischen ihm und dem Tor. Herr Nüssing. Der läßt ihn nicht raus, und er will fliegen. Er macht die Augen zu und holt tief Luft. Gebt den Weg frei, sagt er und tritt einen Schritt zurück. Aber der Mann lacht und sagt: Nehmt ihn euch doch! Und da schießt er, schießt zweimal, und der Mann reißt die Hände hoch und starrt und fällt dann vornüber. Hauskind oder Hortkind, fragt der Mann noch einmal, drängender nun, ungeduldiger, und er sagt: Hauskind, und ihm wird heiß, wie immer, wenn er lügen muß, und der Mann sagt: Na, dann ab zu Muttern! Also raus und weg. Nischt wie weg. Jetzt ist es zehn und um vier kommt die Mutter, die nichts merken darf, nichts vom Schwänzen, nichts vom Fliegen, nichts vom Vater. Bis vier sind sechs Stunden. Da ist er wieder zurück. Das schafft er schon. Das merkt schon keiner. Und um vier steht er vor dem Hort, die Mappe um, und wartet, daß die Mutter ihn abholt. Aber zuerst muß er die Mappe loswerden, und dann braucht er Geld. Das ist in der Wohnung. Fünf Mark, die er mal beiseite gebracht hat, und die Sparbüchse. Er hat SCHLÜSSELENTZUG wegen Kater und wegen des Feuers, das sie einmal angelegt hatten. Die traurigen Augen der Mutter, der Vorwurf: Du hast mich so enttäuscht. Du hast mein Vertrauen mißbraucht. Und: Dieser Kater kommt mir nicht mehr in die Wohnung. Kater ist sein Freund. Noch von früher, noch aus der alten Wohnung. Aber Kater kann nun doch kommen. Samstag kann er kommen, zum Kindergeburtstag. Wir feiern Samstag, da habt ihr mehr Zeit für euch. Kater darf also wieder kommen, das hat ihm die Mutter heute früh gesagt. Er hat gefragt, wer denn alles kommen darf, und die Mutter hat gefragt, wen er denn einladen möchte, und er hat ganz vorsichtig auf Kater angespielt, und ganz überraschend hat die Mutter geantwortet: Na gut. Kater kann kommen! Und Mutters Besuch soll kommen: Sieh mal, was Onkel Jochen für dich abgegeben hat,

27

Onkel Jochen mußt du auch einladen. Und Papa, hat er gefragt, und er hat ihre Augen gesehen und hat gewußt, der Vater darf nicht kommen. Seit der Trennung darf Vater nicht kommen. Aber Vater hat vor einer Ewigkeit gesagt: Zu deinem Geburtstag machen wir einen Rundflug. Und nun darf er nicht kommen. Mutters Besuch darf kommen. Aber er will fliegen. Die Schulmappe versteckt er im Park hinter einer Bank. In die Wohnung, die hochparterre liegt, kommt er, über den Müllkasten, durchs Fenster. Hoffentlich hat mich keiner gesehen. Fünf Mark und das Geld aus der Sparbüchse. Raus und weg. Die Straße, die Stadt. Die Stadt Berlin. Noch kalt, wolkig, manchmal Sonne. Straßenbahnen, Busse, Autos. Bei Grün darfst du gehn, bei Rot bleibst du stehn! Wo will er hin? Er will zu Kater; der darf Samstag kommen. Er will zum Vater; er will ja fliegen. Papa hat es versprochen. Zu Kater darf er, wenn Kater Samstag kommen darf. Zum Vater darf er nicht, seit der Trennung. Junge, das wirst du später einmal verstehen. Aber er war dagewesen, zweimal war er schon dagewesen, aber eigentlich darf er nicht, aber heute ist er neun geworden, und bis vier ist er schon wieder zurück. Er hat die Telefonnummer des Vaters, und an einer Ecke telefoniert er, aber keiner meldet sich. Vielleicht ist er gerade weg und kommt später wieder. Bestimmt kommt er später wieder. Bei Kater öffnet die Mutter, die dicke Frau Hinz: Kater ist doch in der Schule! Natürlich, bei Kater ist ja nichts ausgefallen. Was nun? Also nochmal zum Vater. Der Vater macht Fotos. Die macht er im ATELIER. Das liegt gleich neben der Wohnung. Zweimal hatte er ihn besucht nach der Trennung. Einmal hatte es die Mutter herausgekriegt, und es hat ÄRGER gegeben. Versprich mir. Wenn du groß bist, wirst du alles verstehen. Aber versprich mir. Er hat es versprochen. Vater ist SCHÄDLICH für dich. Vater hat einen schlechten UMGANG! Früher war Vater nicht schädlich für ihn gewesen, erst seit der Trennung. Früher sind sie zum Kindergarten gegangen, der Vater und er, jeden Tag, früh und abends, und dann sind sie Eis essen gegangen, im Sommer, und im Winter Schlitten fahren oder AUF ABENTEUER in einer Ruine, Haus der Technik, oder sie haben die Mutter abgeholt, haben Blumen gekauft und die Mutter abgeholt, und alles war gut, alles so leicht. Jetzt hat die Mutter Besuch, der morgens, bevor sie frühstücken, aus der Wohnung geht, und wenn er am Tisch sitzt mit der Mutter, dann tut sie so, als wäre keiner dagewesen. Aber er weiß es, er hat Ohren. Er darf nicht zu Papa, und Papa darf nicht kommen. Wenn Mamas Besuch kommt, darf Papa nicht kommen. Papa hat Mama geliebt, und Mama hat Papa geliebt, aber dann ist die LIEBE weggegangen, und sie haben sich nur noch gestritten. Kater sagt: Wenn eine Frau da ist oder ein Mann, lassen sich die Eltern scheiden. Bei Katers Vater war auch mal eine Frau, da gab es KRACH, aber Katers Eltern haben sich nicht scheiden lassen. Bei Papa war auch mal eine Frau, und zu Mama kommt ihr Besuch. Seit Mamas Besuch kommt, ist sie anders. Früher hat sie immer dagesessen und in die Gegend gestarrt und war ABWESEND. Jetzt zieht sie sich immer etwas anderes an. Gleich wenn sie aus der Fabrik kommt und die Wohnung saubergemacht hat, zieht sie sich um und setzt sich vor den Toilettentisch. Sie ist wie Katers große Schwester, als die VERKNALLT war in den Griechen von DRÜBEN. Vielleicht hätte sie sich mit Papa nicht gestritten, wenn sie sich nicht verknallt hätte. Vielleicht auch nicht, wenn Papa nicht immer auf DIENSTREISE gegangen wäre. Aber früher haben sie sich auch gestritten und haben sich *nicht* scheiden lassen, und Katers Eltern streiten sich auch und lassen sich nicht scheiden, sogar noch mit einer Frau. Wenn Mama nicht mehr verknallt ist, geht Papa vielleicht nicht mehr auf Dienstreise. Kater sagt: Man kann auch zweimal heiraten, die gleiche Frau. Bis zu viermal kann man heiraten, sogar die gleiche Frau, sagt Kater. Aber wenn sie sich NUR NOCH streiten? – Mutter kriegt abends Besuch, und beim Vater ist manchmal DIE FRAU. Einmal, als er beim Vater war, saß auch die Frau da, und auf dem Tisch standen volle Aschenbecher und leere Flaschen, und der Vater hatte Ringe unter den Augen und roch, und die Frau wollte ihm übers Haar streichen, aber er hat seinen Kopf weggezogen, und der Vater ist laut geworden, so wie er ihn noch nie gehört hatte, und hat geschrien: Hab dich doch nicht so! Aber das andere Mal war die Frau nicht dagewesen, und der Vater war wieder, wie er ihn kannte. Jetzt steht er vor der Tür und klingelt. Aber es öffnet keiner. Er ist sicher nur mal weg, nur mal einkaufen oder im Verlag. Sicher kommt er noch. Kater nicht da, Vater nicht da. Er wartet erst, läuft dann los, vertreibt sich die Zeit. Die Markthalle, die Mauer, die Kirche. Das kennt er alles, hier hat er gewohnt, vor der Trennung. Die Markthalle: Regale, Einkaufswagen, Menschen. Ein Mann, der eine Flasche in der Manteltasche verschwinden läßt. Wie er ihn beobachtet. Wie der Mann sieht, daß er ihn beobachtet. Die Mauer: Das Weiße, das Hohe, Unüberwindliche, der Turm dahinter, schon DRÜBEN, manchmal Touristen drauf, die herüberstarren. Mutter sagt: Die Staatsgrenze. Vater sagt: Hier und drüben. Kater sagt: Die Mauer. – Die Kirche: Kater ist katholisch. Kater hat sechs Geschwister. Kater kriegt von der Kirche UNTERSTÜTZUNG. Dafür muß er beten. Einmal hat Kater ihn mitgenommen. Diese Kälte da. Sie mußten knien. Da tun einem ja die Knie weh in der Kirche, Mensch. Kater glaubt auch an GOTT. Er glaubt nicht an Gott. Kater eigentlich auch nicht richtig. Aber er sagt: Genau weiß es keiner. Kater ist auch bei den Pionieren. Katers Mutter sagt: Wenn alle bei den Pionieren sind, ist Kater auch bei den Pionieren. Mittwochs ist PIONIERNACHMITTAG. Einmal war sein Vater da, noch vor der Trennung, und hat von seiner Arbeit erzählt. Da war er DER GRÖSSTE in der Klasse. Er geht zurück, er klingelt, aber der Vater ist immer noch nicht da. Hat er es vergessen, einfach vergessen? Aber er kann es nicht vergessen haben, er hat's doch versprochen. Wenn du Geburtstag hast, machen wir einen Rundflug.

Vielleicht ist der Vater zu Hause bei ihm. Vielleicht ist er auch im Hort. Aber in den Hort ist er noch nie gekommen und nach Hause auch nicht. Seit Mutters Besuch kommt, darf Papa nicht mehr kommen. Das ist SCHEIDUNG. Aber vielleicht ist er auf dem Flugplatz. Vielleicht ist er schon hingefahren und wartet da. Wartet, daß er kommt. Klar. Ich fahre nach SCHÖNEFELD. Der kann's doch nicht vergessen haben.

...hr hin. Er fährt, fährt mit der S-Bahn. Alex, Treptower
..., Adlershof, Schönefeld. Zum Flugplatz fährt ein Bus,
... man kann auch laufen. Diese Erregung. Die SILBERVÖ-
GEL, alles groß, alles laut, alles weit. Früher war er mit dem
Vater schon einmal hier gewesen, aber das lag schon lange
zurück, und er kann sich nur verschwommen erinnern. Dann
war er noch einmal hier gewesen, beim FREUNDSCHAFTSBE-
SUCH. Alle waren da, die Klasse, die Schule, und sie standen
SPALIER vor der großen Halle und riefen und schwenkten
Papierfahnen, und er hat sich schnell auf die Zehenspitzen
gestellt, aber dann war alles ganz schnell vorbei, Motorrad-
stafette, vier große schwarze Autos, zwei Tatras, zwei
Tschaikas, und sie riefen und schwenkten, und dann war
Schluß, und er hatte so gut wie nichts gesehen. Jetzt war der
Vorplatz leer, bis auf ein paar Busse, ein paar Menschen,
Afrikaner oder Inder, die kommen aus Amerika und hießen
früher Indianer. Da geht er näher, geht in die Halle hinein, da
sind Glaswände, undurchsichtig, da sind Sperren, aber durch
eine andere Tür kann man gehen, die ist offen, kommt in eine
zweite Halle, die noch größer ist als die erste, und Männer in
Uniformen stehen da, und dann das Tor und dahinter der
Flugplatz. Aber kein Vater. Der ist nicht da. Hat's aber versprochen.
Was soll er machen? Soll er zurück? Soll er anrufen? Oder
rein in die Bahn und weg? Es ist zwölf. Vielleicht ist Kater
jetzt da. Kater kommt sicher mit. Vielleicht ist auch der Vater
da und wartet auf ihn. Vielleicht nimmt Vater den Kater mit.
Er will umkehren, will zurückfahren, aber da ist er auch
schon durch das Tor, steht auf dem Platz, und vor ihm, so nah
wie noch nie, und riesig und hoch die Flugzeuge, die Riesen-
vögel. Ganz nah. Das ist wie ein Zwang, das zieht ihn an, da
will er rein. Ihm ist ganz weit im Kopf, so wie damals, als er
etwas erfinden wollte, sich unter den Küchentisch setzte und
ganz genau wußte, jetzt würde er etwas erfinden, was noch
nie jemand erfunden hatte, auch das war ihm so weit im Kopf,
und das hörte nicht auf und war UNGEHEUER GUT, bis es dann
langsam vorüberging, und er wurde ganz leer und klein. Aber

31

so weit und so gut war ihm noch nie gewesen wie damals unter dem Tisch und wie jetzt, als er die Flugzeuge ganz nah sieht. Du mußt nur etwas ganz fest wollen, dann schaffst du es auch. Und er will fliegen. Er geht los. Er geht geradenwegs über das Feld, ganz fest und gar nicht hastig. Er geht auf das Flugzeug zu, hört nicht die Stimme aus dem Lautsprecher, sieht nicht den uniformierten Mann, der auf ihn zurennt, nimmt ihn erst wahr, als der ihn am Arm packt, Junge, Mensch, wo willst du denn hin! Sturz, Ernüchterung, Leere. Das Flughafengebäude, die Männer um ihn herum, die Fragen. Er sitzt steif und starr. Wie heißt du Wo wohnst du Was wolltest du hier! Er schweigt. Dann einer, der setzt sich zu ihm, redet ganz anders: Du brauchst mir nichts zu sagen, wenn du nicht willst. Komm, guck dir das mal an. Der führt ihn herum, zeigt ihm alles, und als einer meint, der Junge müsse doch nun mal ÜBERSTELLT werden, sagt er: Laß mich mal machen. Der Mann hat Dienstschluß, und er nimmt ihn mit in seinem Wagen, aber zur Polizei müssen sie doch, sind ja nur Formalitäten und: Du brauchst wirklich keine Angst zu haben. Irgendwie hat er auch nicht solche Angst, wenn dieser Mann neben ihm sitzt, nur, als sie schließlich im PRÄSIDIUM sind und er in einem Raum ganz allein sitzen muß, ist ihm schlimm, Mensch, ist mir schlimm, und als der Mann aus dem Nebenzimmer kommt mit einem Zivilen und sie sich setzen und ihm sagen, er kann wieder weg, braucht nicht dazubleiben, braucht nur seinen Namen zu sagen und wo er wohnt und soll um HIMMELSWILLEN keine Angst haben, da wird ihm ganz heiß. Hort geschwänzt, beim Vater gewesen, rumgetrieben und AUFGEGRIFFEN. Da war mal einer in seiner Klasse, der ging nach der Schule immer zum Alex, Warenhaus und Hotel, und einmal haben sie ihn aufgegriffen, weil er geklaut hatte, und er war den ganzen Abend auf der Polizei, bis seine Mutter ihn holte, und am nächsten Tag war ein Polizist in der Schule, und der Junge mußte STELLUNG NEHMEN vor der Klasse. Also wer bist du denn, wo wohnst du denn und wo ist deine Schule. Ich heiße Hinz. Dieter Hinz, aber alle sagen Kater zu mir. Na also, Kater, dann gehen wir. Sie gehen, der Mann und er, und der Mann ist freundlich zu

ihm und so anders und er sagt: Bevor ich dich nach Hause
bringe, gehen wir noch ein Eis essen. Der ist gut, der ist okeh,
aber er will mich nach Hause bringen. Er wird an der Tür
klingeln und zu der dicken Frau Hinz sagen: Hier ist ihr
Sohn, der kleine Ausreißer. Und Kater ist da, und Katers
Geschwister sind da, und die dicke Frau Hinz wird sagen:
Das ist nicht mein Sohn, das ist der Freund von meinem Sohn.
Die Mutter, die Augen der Mutter, traurig und vorwurfsvoll:
Wie soll ich denn nur Vertrauen zu dir haben! Alles aus, alles
zu Ende. Der Mann geht neben ihm, redet von sich und von
seinen Kindern, fragt: Was willst du denn mal werden? Pilot,
sagt er, ich will Pilot werden. Früher wollte er Kosmonaut
werden, aber Kosmonauten gibt's nur in der Sowjetunion.
Na, sagt der Mann, wenn du Pilot werden willst, mußt du
mich mal besuchen. Ich werde sehen, was sich machen läßt,
damit du mal fliegen kannst. Die Sonne scheint, es ist halb
drei, sie gehen über den Alex, Menschen in Strömen, und
jetzt sind sie zwischen ihnen, und jetzt rennt er los. Rennt,
schiebt, schlängelt sich vorwärts, rein in die Tür, Warenhaus,
Lärm, Gewühl, und die Stimme des Mannes, schwach: Kater!
Kater! Und er sieht ihn noch, wie er sich ebenfalls durch die
Menge wühlt, sieht sein Gesicht für einen Moment, das ratlos
ist und verzweifelt, und er muß beinahe weinen. Er macht die
Augen zu und reitet mit dem Mann, der so anders ist, auf ein
Haus zu, das frei liegt inmitten der Prärie, und die Sonne
scheint, und sein Vater steht auf der Veranda und sagt:
Kommt näher, Fremder, und setzt Euch, und die Mutter tritt
aus der Tür und streckt ihm die Hand entgegen, aber da wird
er gestoßen, muß weiter, schlüpft durch eine Seitentür, rennt
durch Nebenstraßen und sieht den Mann nicht hinter sich
und ist für einen Moment beruhigt. Geht weiter, langsamer,
spürt Hunger, als er vor einem IMBISS steht, geht hinein. Sitzt
und ißt und denkt nach. Um vier muß er vor dem Hort sein.
Er hat Katers Namen gesagt. Vater wartet vielleicht. Den
Mann hat er abgehängt, aber was wird der machen? Früher,
wenn er irgend etwas hatte mit der Schule oder mit Mutter
oder Vater, ist er zur Oma gegangen. Die Oma war krumm
und weißhaarig und hatte ein dickes Album, da waren die

AHNEN drin. Männer mit schwarzen Bärten, Frauen in langen Röcken. Vaters Vater, Vaters Großvater, der dicke Opa und Oma Lene. Er hat nie etwas erzählt dort, aber er fühlte sich immer sicher und irgendwie GANZ. Auch einmal, kurz nach der Trennung, wollte er zu ihr gehen. Erst auf dem Weg ist ihm eingefallen, daß dort keiner mehr war, daß die Oma gestorben war. Einfach weg, nicht mehr da. So wie der Vater eigentlich auch einfach weg war und nicht mehr da, wenn er ihn auch zweimal besucht hatte. Jedenfalls war er nicht da am Morgen, wenn er aufwachte, oder am Abend, wenn er einschlief. Sicher wartet der Vater jetzt. Er sitzt zu Hause und wartet auf ihn. Und der Mann, der so anders war, ist weg. Aber wenn der nun hingeht zu Kater, zur dicken Frau Hinz und die dicke Frau Hinz sagt: Das ist nicht mein Sohn, den sie da meinen, das kann nur der Freund von meinem Sohn sein. Und der geht hin zur Mutter! Du mußt zu Kater. Du mußt wissen, ob der Mann, der so anders war, mit Katers Mutter gesprochen hat. Also los. An der Ecke bleibt er stehen. Keiner vor Katers Haustür. Am Straßenrand Autos. Der Mann hatte einen weißen POLSKI FIAT. Vor dem Haus steht keiner, aber weiter hinten steht einer. Er kann nicht erkennen, ob es ein POLSKI ist oder ein SCHIGULI, und als er vorsichtig vorbeigeht und feststellt, daß es tatsächlich ein Polski ist, weiß er dennoch nicht genau, ob es der Wagen des Mannes ist. Kann sein, kann nicht sein. Sieht alles so gleich aus. Aber hinaufgehen zu Kater kann er nicht. Er wartet. Paar Kinder kommen, zwei kennt er. Mann, was machst denn du hier! Mensch, paß auf, haste Kater gesehen, ich brauch den. Kater, ach der, nee, nich gesehn. Mensch geh mal rauf, ich brauch den unbedingt. Einer geht also hinauf, braucht lange. Er steht mit den anderen und schwitzt, trotz der Kälte. Aber Kater ist nicht da. Kater mußte erst in die Kirche und dann zu seinem Onkel Walter. Kater kommt erst später wieder. Hat sie was gesagt wegen mir? Wieso wegen dir? Na, war sie sauer, hat sie gefragt nach mir? Nee, gefragt hat sie nich, aber irgendwie komisch war sie schon. Also komisch war sie. Die weiß was. Der war da, der Mann. Bestimmt war der da. Kommste mit in die Halle, ich hab Geld?! Nee, ich kann nich, ich muß los!

34

Und geht. Papa wartet. Bestimmt. Bis vier ist noch Zeit. Ich bin neun geworden. Ich will fliegen. Er hat's versprochen. Vielleicht geht er auch morgen mit mir. Aber da sein muß er. Frau Hinz geht sicher zur Mutter. Mutters Augen: Warum hast du mich so enttäuscht? Einmal hat sie geweint. Sie hatten ein Feuer gemacht, Kater und er, auf dem Blech vor dem Ofen. Es hatte eigentlich gar nichts passieren können, aber dann sind doch die Dielen angebrannt. Sie haben es erst gar nicht gemerkt. Sie haben alle Spuren beseitigt, aber der Geruch war nicht aus dem Zimmer zu bekommen, und als die Mutter von der Arbeit kam, hat sie es gemerkt und geweint. Und am Abend ist Mutters Besuch gekommen, und am Morgen hat sie ihm die Schlüssel weggenommen: Junge, du zwingst mich doch dazu. Wie soll ich denn Vertrauen zu dir haben. Die Treppe hinauf rennt er schon, steht vor der Tür, klingelt. Nichts. Der kann doch nicht weg sein. War doch versprochen. Muss doch kommen. Wenn er auch heute nicht fliegt mit ihm, muß er doch wenigstens zu Hause sein. Er steht vor der Haustür, wartet. Menschen, die aus den Büro-häusern kommen, Autoschlangen, Frauen mit Taschen: ist das nicht Frau Hinz da drüben? Frau Hinz mit Tasche und ernstem Gesicht kommt über den Damm. Er stürzt in den Hausflur, späht um die Ecke. In der Straßenmitte bleibt sie stehen, muß erst die Autos vorbeilassen und geht dann wei-ter, direkt auf ihn zu. Er läuft die Treppen hinauf, Mensch, die geht zu Papa. Wartet, außer Atem, auf dem Podest. Stille. Jetzt muß sie an der Haustür sein. Nichts. Er will schon wieder hinunter, da knarren die Türangeln. Er drückt ver-zweifelt auf die Klingel, aber nichts rührt sich drinnen. Im Treppenhaus Schritte. Er duckt sich, rennt, zwei Stufen mit einem Mal, die Treppe hinauf, so leise wie es geht. Immer noch Schritte. Er drückt auf die Klinke der Bodentür, sie öffnet sich. Er schiebt sich in die hinterste Ecke, gleich unter dem Bodenfenster. Mensch, wenn die hochkommt. Wenn die mich gesehen hat. Er lauscht, atemlos vor Angst, aber es kommt keiner. Wenn sie merkt, daß der Vater nicht da ist, geht sie zur Mutter. Vielleicht wartet sie auch vor der Tür, bis der Vater kommt. Bestimmt wartet sie. Vielleicht ist auch der

35

Mann dabei. Er öffnet vorsichtig das Bodenfenster, sieht hinaus. Autos, Straßenbahnen, Menschen. Alles ganz klein, ganz weit. Feierabendzeit. Meingott, wie spät! Vielleicht schon halb vier. Bis vier hat er Zeit, dann kommt die Mutter und er muß vor dem Hort stehen. Aber er kann jetzt nicht raus. Die steht bestimmt vor der Tür. Die wartet. Das kommt alles raus. Hort geschwänzt, rumgetrieben, aufgegriffen. Du HAST MEIN VERTRAUEN MISSBRAUCHT! Warum ist Papa nicht da. Er hat's doch versprochen. Wenn du Geburtstag hast. Er kann es nicht vergessen haben. Papa nicht, nein. Papa wird mir helfen. Ich bin neun geworden. Heute. Aber Papa ist nicht da. Der ist weg, einfach weg, so wie Oma eines Tages einfach weg war und nicht mehr da. Das letzte von ihr: Ein dunkler Sarg in einem kalten Raum, ein fahles Gesicht, viel kleiner, als er es in Erinnerung hatte. Er weint leise und beißt sich auf die Lippen. Bald ist es vier, vielleicht jetzt schon. Vielleicht steht die Mutter schon vor dem Hort: Nein, ihr Junge war heute gar nicht hier. Nee, ich will nich mehr. Ich geh nich mehr zurück. Soll sie sehn, was sie macht, wenn ich GAR NICHT mehr komme. Wenn ich gar nicht mehr BIN. Er weint wieder. Fühlt sich elend und leer. Wie damals, als er etwas erfinden wollte und das große weite Gefühl langsam vorbeiging. Er macht die Augen zu und sieht einen Sarg, dahinter die Mutter, der Vater, der Mann, der so anders war, alle mit Blumen und mit ernsten Gesichtern und Musik wie in Katers Kirche. Er wischt sich die Augen. Draußen ist wieder Sonne. Er sieht die Dächer, die Stadt, die Menschen. Dann hört er Schritte, die näher kommen. Aber er ist ganz ruhig. Heute ist er neun geworden. Er sieht die Stadt unter sich, weit und groß, die Straße, die Fenster der Häuser, die Dächer, den Himmel. Er macht die Augen zu und fliegt. Alles sanft, alles weich, alles klein und so weit. Und ruhig. Er ist an der Hand des Vaters, sie stehen an einer Haltestelle, und der Bus kommt und die Großmutter, und die Ahnen mit weißen Gesichtern und schwarzen Bärten, und Vater gibt Mutter einen Blumenstrauß, und sie fassen ihn an, und er geht in der Mitte und läßt sich hängen und schwebt und fühlt sich frei.

36

Gabriele Wohmann: Schöne Ferien

Schöne Ferien, zum ersten Mal wieder, seit ich mit Asmus zusammen bin. Die unveränderte Bucht gefiel mir neuerdings. Wie lang hatte ich nicht mehr etwas wie Waten im Wasser genossen. Alle Augenblicke fiel mir ein, daß ich aufatmen konnte, und ruhig sein, ruhig sein. Keine Zankereien mit den Cousinen, im Gegenteil. Vor dem Café Rose saßen friedlich die Großeltern, und mich machte es nicht nervös, wenn sie uns unaufhörlich zu Tee und Wespennestern einluden: Spezialität der Rose. Auch mit Lutz legte Asmus sich nicht an. Lutz drehte sein Radio so laut wie es ihm paßte, und Asmus pfiff sogar mit. Natürlich badete Lutz wieder kein einziges Mal, Asmus aber äußerte sich einfach nicht dazu, womit ein Zustand erreicht wäre, den ich immer angestrebt habe. Asmus verhielt sich entweder aus Rücksicht auf mich so, oder er war ausgeglichener geworden – jetzt irre ich mich gründlich. Asmus war ja diesen Sommer nicht mit.
Statt dessen Heinz Pfitzner. Der Zufall verschlug uns ins gleiche Hotel. Nach der ersten Woche sagten wir nicht mehr Sie, und er wollte Nelson genannt werden. Der Familie gegenüber zeigte er sich zugänglich. Die ließ uns auf langen Spaziergängen allein. Ihre Großzügigkeit sah aber nicht nach Opfer aus, und zum ersten Mal freute ich mich ohne schlechtes Gewissen an dieser wirklichen Freiheit. Es machte mir auch Spaß, der Familie so einen netten Mann zu verschaffen, wenn auch nur für kurz. Oft forderte Nelson Lutz auf, sich uns anzuschließen. Weil Lutz, wie jedermann, Nelson mochte, sagte er zu. So nahm Lutz am Ausflug zum Vogelschutzgebiet teil. Nelson redet gern mit Jüngeren, er bringt sie dazu, daß sie aus sich herausgehen. Bei Lutz ein Wunder, er hat nichts als seine Schlager und zwei disk-jockeys. Jetzt hatte er Nelson. Schön für ihn, schön für uns alle. Von Nelson geht Ruhe aus, daran liegt es. Ich werde mich im Verlauf dieser Ferien erholen. Sogar Nelson zu lieben strengt kaum an.
Die Fingernägel schneide ich mir häufig, damit erinnere ich

mich an Asmus. Selbstverständlich denke ich oft an ihn, mein Frieden nimmt daraufhin zu. Asmus kann nicht über meine verkorksten Fingernägel schimpfen. Auch nicht über Barfußlaufen bei kaltem Wetter. Während ich meine rotgefrorenen Fußzehen begutachte, denke ich daran, wie gern jetzt Asmus über sie in Wut geriete. Mein Haar kann er ebenfalls nicht überprüfen. Ich lasse es jeden Tag beim Baden in der Bucht naß werden. Schon nächsten Sommer werde ich wieder auf die Kommandos von Asmus Rücksicht nehmen müssen, also übertreibe ich es jetzt mit der Unvernunft. Überall fehlt Asmus, und seine erhobene, nicht hotelmäßige Stimme zürnt mir in meinem Gedächtnis, nur da.

Nelson ist liebenswürdig. Den Cousinen schnitt er vorgestern die Haare. Meinem Großvater rasierte er den flaumigen runzligen Nacken aus. Mit meiner Großmutter unterhielt er sich geduldig über die Triebwelt der Ameisen, wiedermal hatte sie sich einen Koffer voll Tierbücher mitgebracht, ihre Passion. Auf alles ging Nelson ein. Ich selber mußte mich dämpfen, damit meine Freude über unsern allgemeinen Einklang mich nicht laut machte. So ruhig sein wie Nelson, das war mein Programm. Gelassen zuhören bei törichten Äußerungen über Wetterabhängigkeit vom Mondwechsel: Lieblingstheorie meines Großvaters. Lächeln zur Behauptung, P. Huber, der 1810 die Sitten der einheimischen Ameise untersucht hat, sei kein Franzose gewesen: die Großmutter will es so. Auch die Cousinen und Lutz, alle stellten dauernd die üblichen Anlässe her, gegen die Asmus auf die Barrikaden ging.

Es kommt aber vor, daß ich aus heiterem Himmel erschrecke; dreh dich nicht um, sage ich mir, Asmus steht hinter dir. Ich halte den Atem an und warte ab. Irgend jemand von der Familie ruft mir dann zu: Was ist los mit dir? Schläfst du am hellen Tag? Und sie lachen miteinander – aber ohne Nelson. Sie hat die Augen zu, seht nur! Auch Asmus lacht nicht mit. Für Launen hat er nichts übrig. Jetzt rufen sie: Hallo Asmus, kümmere dich gefälligst mal um deine Frau, weck sie auf, los! Ich lasse die Augen zu. Bei geschlossenen Lidern, ruhig, ruhig, verwöhnt mich Nelson, meine Erfindung.

3. Last des Alltags

Josef Reding:
Zum Runterschlucken für Grabner

Fährste wieder Rad, Heincken?
Jau, hab den Wagen übern Winter abgemeldet, Grabner.
Kann man ja nicht raus mit. Und bloß für die Fahrt zum
Werk, datt lohnt sich nicht.
Auch wegen der Moneten, Heincken?
Heincken zögerte. Na ja, sagte er schließlich. Auch wegen
der Moneten. Weiß ja, keine Überstunden mehr. Mit denen
hab ich den Wagen früher gehalten. Wenn noch ein paar Fei-
erschichten kommen, verklopp ich das Dingen. Hab ihn
schließlich fünf Jahre gehabt. Kann später wenigstens mal
sagen: war Herrenfahrer.
Die beiden Radfahrer bogen in den feuchten Tunnel neben
dem Schiffshebewerk ein. Heincken schellte. Einfach so, weil
es so schön hallte.
Bei dir ändert sich nichts, Grabner, was? fragte Heincken.
Du hast immer noch dieselbe Kaffeepulle wie vor zwölf Jahren, als du bei uns angefangen bist, und fährst noch denselben
Drahtesel.
Wer nicht vom Fahrrad aufs Auto umsteigt, braucht auch
nicht wieder vom Auto aufs Fahrrad zurück, sagte
Grabner.
Heincken brauchte ein paar Pedalumdrehungen, bis er be-
griffen hatte. Au, da meinste mich mit, sagte er.
Genau, sagte Grabner.
Hast ja jetzt viel Glück gehabt, sagte Heincken.
Grabner erschrak. Die Atemwölkchen kamen kürzer. Wie-
so? fragte Grabner.
Daß der Lämmerkern sein Haus nicht weiter bauen kann. Da
ist doch erst der Keller von fertig. Der hätte euch doch die
ganze Aussicht auf den Kanal zugebaut. Ich hab gehört, der
Lämmerkern macht Pleite. Oder hat er schon? Der wird nie

fertig mit seinem Haus. Da haste doch Glück gehabt. Die dolle Aussicht.

Stimmt. Gegen die Aussicht ist nichts zu sagen, sagte Grabner gleichmütig.

Grabner dachte: er weiß nichts. Heincken weiß nichts. Keiner weiß was davon. Vierundsechzigtausend Mark und ein paar kaputte. Ich hab sofort an die Lottozentrale telefoniert. Geld nicht überweisen. Hole ich bei Ihnen ab. Keiner hat meine Zahlen gekannt. Auch Elfriede nicht und die Jungs. Und als die Zahlen durchs Fernsehen kamen, hab ich wie immer Driete! gesagt, und die Sache war erledigt. Dabei wußte ich, ich bin dick drin. Und gestern kamen die Quoten raus: Vierundsechzigtausend. Jetzt bloß nicht den wilden Mann spielen.

Es prasselte unter den Schutzblechen der Fahrräder: Die Männer fuhren über Kiesplacken, die mit Teer locker gebunden waren. Die Löcher und Frostaufbrüche in der Zufahrtsstraße zum Stahlwerk wurden Jahr um Jahr notdürftig geflickt.

Pfusch, sagte Heincken.

Grabner nickte und bog seine Fahrradlampe zurecht; die Halterung hatte sich losgeschlackert.

Der klotzige Torbogen unter funzeliger Beleuchtung. Das Aquarium des Pförtners. Die Stechmaschine für die Karten. Theo Grabner, Halle IX, Bessemerbirne.

Ihr habt ja wieder den Nußknacker, sagte Heincken. Der soll euch wohl auf Vordermann bringen, was? Ein scharfer Hund, der Nußknacker. Wie heißt er doch? Stertzenfeld oder so?

Stertzenkamp, sagte Grabner.

Na ja, hab ich ja nichts mit zu tun. Mach's gut, Grabner.

Tüss, sagte Grabner.

Mit den vierundsechzigtausend Piepen kann man allerhand anfangen, wenn man vernünftig ist. Und man kann durchdrehen. Hab ich beim Jolleck gesehen, wie schnell das gehen kann. Über hunderttausend Emm hatte der vor drei Jahren. Und wieviel Freunde der auf einmal hatte. Und was da fürn

40

Remmidemmi bei Jollecks war. Sogar 'n Schwiegersohn stellte sich auf einmal für Jollecks Herta ein, wo die Herta doch sone Plattnase hatte, als wär' mal aus Versehen 'n Bügeleisen auf ihrem Gesicht stehengeblieben. Hat sich auch bald wieder dünne gemacht, der Schwiegersohn, und Herta putzt jetzt bei Brandthaise. Und Jolleck hat erst drei Pinnchen Wacholder am Abend getrunken und dann fünf und dann zwölf und dann 'ne ganze Pulle. Jetzt rennen ihm die Gerichtsvollzieher die Bude ein wegen zwanzigtausend Mark Schulden, und Jolleck war schon wieder für drei Monate inne Nasenbleiche. Aber die Säuferpension nützt auch nichts mehr. Der Jolleck macht's nicht mehr lange. Und vorher war er 'n patenter Kerl. Passiert mir nicht. Ich brauch Zeit zum Überlegen. Ein paar Monate. Und hier nichts merken lassen. Alles im alten Trott. Haargenau im alten Trott. Ich brauch keine Freunde, die Geld von mir wollen. Die paar, die ich vorher gehabt habe, genügen mir. Die sind meine Freunde geworden, als es bei mir nichts anderes zu erben gab als eine Flasche Bier beim Skat im Schrebergarten.

Tag, sagte Grabner. Er war in seiner Halle.

Tag, sagte Stertzenkamp und schaute auf die Uhr. Guck ruhig auf deinen Wecker, dachte Grabner. Bin pünktlich.

Grabner zog seinen Asbestanzug an. Die ersten Konverter für seine Schicht standen bereit: eine Reihe dickbäuchiger Panzermänner, in denen es wütend kochte.

Grabner drehte das Gebläse auf. Da kam Liesinger. Hastig, Dünn. Grämlich.

Fangen wohl erst mittags an, was? fragte Stertzenkamp.

Liesinger wurde noch hastiger, dünner, grämlicher.

Stertzenkamp kann es. Leute triezen. Ein großer Antreiber vor dem Herrn. Als ich hier anfing, hatte Stertzenkamp seine große Zeit. Da kommandierte er rum, machte die Männer nervös. Und wenn sie was sagten, zeigte Stertzenkamp bloß in Richtung Werksausgang: Da stehen schon fünf andere für dich.

Die letzten Jahre: Schonzeit für Stertzenkamp. Arbeiter waren knapp. Stertzenkamps Typ war nicht gefragt. Aber

41

jetzt, wo die Luft schärfer wurde, kam Stertzenkamp wieder groß raus. Machte sich wieder wichtig. Wurde von der Direktion gelobt. Einpeitscher erster Klasse. Aber was geht das mich an. Wenn er bloß den Liesinger nicht so fertigmachen würde.

Liesinger stolperte heran. Liesinger stolperte immer. Plattfüße und X-Beine, da soll man nicht stolpern.

Sie haben gestern die Fütterung nicht sauber rausgeschlagen, sagte Stertzenkamp. Da stehen die Birnen noch. Die machen Sie aber nach Schicht noch mal. Und wie geleckt!

In Ordnung, sagte Liesinger.

Wo laufen Sie denn hin, Sie Penner? fragte Stertzenkamp.

Liesinger stammelte etwas, ging dann woanders hin.

Grabner hörte nicht zu. Vielleicht sollte man sich ein Häuschen mit Einliegerwohnung bauen, dachte er. Was da an Miete einkommt, ist so gut wie 'ne Rente. In die Einliegerwohnung würde ich mit Elfriede und den Jungs ziehn, das reicht für uns. Oder Aktien kaufen? Nee, Aktien hauen nicht hin für unsereinen.

Sie sind heute aber auch nicht gerade der schnellste, Grabner, sagte Stertzenkamp. Haben wir alles schon fixer gesehen.

Blas mir den Hobel, dachte Grabner. Und er sagte: War in Gedanken.

Für Gedanken werden Sie hier nicht bezahlt, Grabner.

Schlucks runter, dachte Grabner. Schlucks runter, was du diesem Knilch sagen willst. Nichts anmerken lassen. Der Grabner von heute ist der Grabner von voriger Woche.

Liesinger! rief Stertzenkamp. Wo dieser Saftheini wieder steckt? Na, der wird hier auch nicht alt. Mancher wird hier auf'm Kotten nicht alt. Jetzt geht's wieder munterer rund hier. Draußen stehen für jeden schon ...

Schon fünf andere. Ich weiß, sagte Grabner.

Da kommt Liesinger, sagte Stertzenkamp. So einen Blödmann darf man ja heutzutage nicht mehr halten. Was meinen Sie, Grabner?

Die größte Niete, sagte Grabner.

Woll, meinen Sie doch auch. Ich werde mal 'nen Wink nach oben geben, daß die Niete hier verschwindet, sagte Stertzenkamp.

Die größte Niete sind Sie hier im Betrieb, sagte Grabner kalt.

Was iss? fragte Stertzenkamp.

Sie sind die größte Niete im Betrieb, Stertzenkamp.

Theo, laß doch! sagte Liesinger.

Sie sind noch mehr als 'ne Niete, sagte Grabner, ein Großtuer sind Sie, Stertzenkamp. Ein Hinternkriecher nach oben und ein Schinder nach unten. Und jetzt hauen Sie ab. Sie stören mich bei der Arbeit, Stertzenkamp.

Als Grabner ins Personalbüro gerufen wurde, grinste er. Mit vierundsechzigtausend ist man nicht mehr derselbe, dachte er. Man schluckt nicht mehr so glatt wie früher.

Grabner trat einen Koksbrocken weg. Das Koksstück tanzte und knackte auseinander. Grabner betrat den Klinkerbau.

Rolf Schneider: Einen Schnaps trinken

In der Türöffnung schüttelte sie die Nässe aus dem Schirm und klappte den Schirm danach zusammen. Sie zog den Türflügel ins Schloß. Sie ging die Stufen hinan. Das Gebäude war vor siebzig Jahren errichtet worden und hatte immer als Justizgebäude gedient, manchmal war sie versucht, sich das auszumalen, siebzig Jahre Verhandlungen, Urteile, eine graue endlose Schar von Richtern, Anwälten, Beisitzern, Dieben und Totschlägern. Sie stellte sich vor den Aushang. Sie suchte nach dem Saal, in dem das Verfahren gegen die Autoschieber eröffnet werden sollte. Sie fand keinen Hinweis, so ging sie hinüber zur Pförtnerloge, beugte sich dort herab, schob eine Schachtel Zigaretten durch den Schlitz und lächelte dem Pförtner zu. Der Pförtner lächelte zurück. Die Verhandlung gegen die Autoschieber sei vertagt worden, Antrag von einem der Verteidiger, ob sie denn nicht informiert worden sei? Sie schüttelte den Kopf; heimlich fluchte sie und blickte das Treppenhaus hinab, auf das Fenster neben dem Eingang, graues verätztes Glas, vom Regen draußen war nichts zu erkennen. Sie befand sich jetzt hier. Sie hatte für den Vormittag keine andere Verpflichtung. Sie hatte Angst, sie könne sich plötzlich genauso leer und sinnlos vorkommen, wie es der Vormittag war, den sie erleben würde; solche Gefühle stellten sich jetzt häufig bei ihr ein, das mochte von Hormonen verursacht sein und ihrem Alter. Der Pförtner hatte das Zigarettenpäckchen geöffnet. Er machte auf ein Verfahren wegen Postdiebstahls aufmerksam, nichts besonderes, immerhin, der Rest bloß Scheidungen. Sie nickte. Sie ging durch die Schwingtür und ging die Stufen hinan zum ersten Stockwerk. Der Verhandlungsraum lag am Ende eines fensterlosen, gekrümmt verlaufenden Korridors. Sie trat ein. Sie war noch nie hier gewesen. Das war keiner der Säle, in die das Publikum ging, in die sie selber ging, um zuzuhören, Notizen zu machen und hinterher für die Zeitung darüber zu schreiben. Sie setzte sich in die zweite Stuhlreihe. Es gab überhaupt bloß drei Sitzreihen, jede von ihnen mit sechs Stühlen; schräg hinter ihr saß ein grauhaariger Mann, der jetzt den gekrümmten Zeigefinger in seinen Hemdkragen hängte und dabei den Kopf hin und her drehte.

Sie hatte die undeutliche Empfindung, daß der Prozeß, der hier stattfinden sollte, ihr jedenfalls keinen Stoff für einen Zeitungsartikel liefern würde. Es gab Anlässe, bei denen jeder literarische Aufwand vergeblich war; aus Banalität ließ sich immer bloß Banalität beziehen. Sie gähnte flüchtig und sah zu, wie das Gericht den Raum betrat. Der Vorsitzende, Mann in mittleren Jahren, hatte ein rotes Gesicht, sie kannte ihn nicht, sowenig wie die beiden Beisitzer, zwei Frauen, eine mit grauen, eine mit tiefschwarzen Haaren. Die Angeklagte setzte sich in die erste Stuhlreihe. Von den anderen Stühlen aus waren zuerst bloß ihr breiter Rücken zu erkennen, ihr ungefärbtes blondes Haar und ihr Hals, mit einer Falte, tief eingeschnitten ins Fleisch, in der Höhe der Nackenwirbel. Der Staatsanwalt, ein sehr junger Mann, wirkte erregbar und energisch. Er schien einer von diesen Erfolgsmenschen zu sein, die auf ihr Alter keine Rücksicht nehmen mußten und auf ihre Biographie niemals Rücksicht nehmen würden. Der Staatsanwalt blickte während der Eröffnung zweimal zu ihr hin. Er schien sich nicht schlüssig zu sein, wer sie war und weswegen sie hier saß.

Aus bloßer Gewohnheit öffnete sie ihre Handtasche. Sie nahm Notizblock und Kugelschreiber heraus, leckte sich die Lippen und schrieb ein paar Wörter. Sie merkte sofort, wie der grauhaarige Mann, der schräg hinter ihr saß, voller Unruhe ihre Handlungen beobachtete; als sie zu ihm hinblickte, war er so erstarrt, daß es noch zwei Sekunden dauerte, ehe er seinen eigenen Blick fortnahm. Graue Augen mit leerem Ausdruck. Auch die grauhaarige Beisitzerin blickte zu ihr herüber. In einer geschwätzigen Welt gibt es keine größere Angst als die vor beschriebenem Papier; sie dachte darüber nach, von wem sie diesen Ausspruch gehört hatte, aber es fiel ihr nicht ein.

Der Staatsanwalt war aufgestanden. Er hatte die linke Hand in die Jackentasche gesteckt, in der rechten Hand hielt er einen langen dunkelgrünen Bleistift, mit dem er seine Sätze dirigierte. Die Angeklagte Martha M., zweimal vorbestraft, habe, als Aushilfskraft beim Bahnpostamt, während der Vorweihnachtszeit, aus einem Päckchen einen Mantel entwendet, um ihn für sich einzubehalten. Da es sich bei dem bewußten Päckchen um eine Geschenksendung aus der Bundesrepublik Deutschland gehandelt habe, komme erschwerend eine Belastung des Postverkehrs zwischen den deutschen Staaten hinzu, wo, man wisse doch, jeder Verlust sofort politisch zu Buch schlage. Es sei unmöglich, daß sich die Angeklagte dieser Sachlage nicht bewußt gewesen sei. Der Staatsanwalt nahm die linke Hand aus der Jackentasche. Er setzte sich wieder. Die Angeklagte stand jetzt auf, der Vorsitzende hatte es so verlangt; zum erstenmal war sie vom Zuschauerraum aus genauer zu betrachten, eine vierzigjährige Frau, fleischiger Körper und verquollene Augen. Sie sah unglücklich aus. Sie sah unbeholfen aus.

Der Vorsitzende fragte, und die Angeklagte antwortete mit schleppender Stimme, weinerlich, ihre Sätze waren schlecht geformt, sie sprach ein sonderbares Gemisch aus einem östlichen und einem mitteldeutschen Dialekt, manchmal weinte sie. Tochter aus einer kinderreichen Kleinbauernfamilie, gebürtig in Schlesien, umgesiedelt als Kind, sie hatte die Schule bloß bis zur fünften Klasse besucht, sie hatte keinen Beruf erlernt. Sie war Landarbeiterin gewesen, sie hatte geheiratet, einen Bauarbeiter, der Mann war Alkoholiker, sie hatte sechs Kinder von ihm. Der Mann brachte nie genügend Geld mit heim, das meiste vertrank er. Wenn er bezecht war, wurde er aggressiv und verprügelte seine Frau. Sie mußte arbeiten, um ihre Kinder anständig ernähren zu können. Ihre erste Strafe erhielt sie wegen einer Körperverletzung; auf einem Volksgut, unter ihresgleichen, war sie verspottet worden wegen ihres Mannes, durch eine andere Frau, zum Gelächter der übrigen Frauen, Martha M. hatte sich auf diese Frau gestürzt und sie schlimm zugerichtet, fünf Wochen Arbeitsunfähigkeit, sie kriege ungeheure Kräfte im Zorn, sagte Martha M. von sich.

Der Rückfall war unter ähnlichen Umständen erfolgt. Er war durch das erste Vergehen überhaupt erst ausgelöst worden. Da war sie nämlich, in einer Fabrik, im Verpackungsraum zwischen ungefähr zwanzig Frauen, wegen ihrer ersten Straftat verhöhnt worden, es sei ein warmer Tag gewesen, draußen Gewitter und alle gereizt, sie habe, sagte Martha M., schließlich bloß noch einen Eindruck wie rotes Blut vor den Augen gehabt. Sie hatte mit einer Metallstange um sich geschlagen und eine andere Frau schwer verletzt, es war gewiß bloß ein Zufall gewesen, daß niemand zu Tode gekommen war. Ich bin jähzornig, sagte Martha M., ich kann das nun nicht ändern.

Sie erzählte jetzt von dem Diebstahl. Sie verrichtete seit einem Jahr bloß noch Gelegenheitsarbeiten. Das geschah wegen ihres zweitjüngsten Kindes, eines epileptischen Jungen, der brauchte viel Pflege, wen hatte er anders als seine Mutter? Ostern und Weihnachten half sie bei der Bahnpost. Ausladen von Päckchen, abends und nachts, die Kinder schliefen da, das wurde auch anständig bezahlt. Der Vorgang war immer der gleiche: ein Gepäckwagen, auf ein Abstellgleis rangiert, wurde aufgesperrt, zwei Frauen hatten danach die Ladung auf Karren zu verteilen. Martha M. kannte die Frau, mit der zusammen sie an dem Tag, um den es hier ging, zur Arbeit eingeteilt war, schon länger, nette Frau, sagte Martha M., Edith, achtundzwanzig, ein Kind, geschieden, vielleicht bißchen leichtsinnig, zu hübsch eben, aber anständig. Bei der Arbeit sei ihr, Martha M., ein großes Päckchen in die Hände gekommen, dessen Verpackungspapier völlig zerfetzt war, weswegen sie den Inhalt sofort deutlich habe erkennen können, einen Regenmantel, aus Kunststoff, feuerrot, sehr modern, so was fällt sofort auf, wissen Sie, in dem vielen Grau und Braun und Blau von den übrigen Päckchen. Sie habe das beschädigte Paket beiseite gelegt. Die Edith habe das nach ihrem Eindruck nicht bemerken können. Die Edith sei einmal zum Telefon gerufen worden, einer ihrer Verehrer, sie, Martha M., habe jetzt das zerfetzte Päckchen mit dem Kunststoffmantel unter ihrer Arbeitskleidung versteckt, sie sei auf die Toilette gegangen, sie habe sich eingeschlossen, sie sei auf die Toilettenschüssel geklettert, sie habe den Kunststoffmantel in den Spülkasten gelegt. Die Fetzen von dem Verpackungspapier habe sie in die Toilettenschüssel getan. Es habe zuerst beinahe eine Verstopfung gegeben. Sie habe immer wieder mit den Händen nachhelfen müssen. Der Kunststoffmantel im Spülkasten habe die Spülung aber nicht behindert, das habe sie währenddessen bemerkt. Sie habe sich die Hände abgewischt und sei wieder hinausgegangen, in den Waggon und an ihre Arbeit.

Nach der Arbeit sei sie zurückgekehrt in die Toilette. Der Mantel habe noch im Spülkasten gelegen. Sie habe ihn unter ihrem alten abgenutzten Tuchmantel heimgetragen. Der neue Mantel aus rotem Kunststoff sei genau ihre Größe gewesen, sie habe ihn noch am selben Abend angezogen, sie sei damit auf die Straße gegangen, draußen sei Schneeregen gewesen, für den Mantel eigentlich zu kalt, trotzdem sei es ein schönes

Gefühl gewesen, auch wieder nicht, weil der Mantel in Wahrheit jemandem anderen; den Gedanken habe sie dann unterdrückt. Es sei ihr die Edith begegnet. Sie hätten überhaupt nicht miteinander geredet. Die Augen von der Edith habe sie genau gesehen: groß und beinahe starr, sie habe da erst gedacht, daß es der Neid gewesen ist. Am nächsten Morgen sei sie zur Aufsicht bestellt worden und nach dem Mantel gefragt. Die Edith hatte das zerfetzte Päckchen am Vortag schon bemerkt gehabt. Die Edith hatte den Mantel sofort wiedererkannt und eine Mitteilung gemacht.

Martha M. weinte während der Einvernahme, immer wieder, vermutlich nicht aus Berechnung, obschon das nicht auszuschließen war, sie rieb sich mit einem karierten Tuch die Lider. Die Beisitzerinnen starrten beide auf die Tischplatte. Der Staatsanwalt drehte während Martha M.s Aussagen den dunkelgrünen Bleistift in seinen Händen. Er blickte mehrfach in den Zuschauerraum.

Sie hatte während der Reden von Martha M. gedacht: vierzig, mein Gott, die Frau ist erst vierzig, zwei Jahre jünger als ich. Martha M. sah alt aus. Es war jene Art von Alter, das sich nicht so sehr nach Jahren bemißt wie nach den Maßeinheiten von Elend, Verbitterung und Trostlosigkeit. Lebte sie selber anders? War sie begünstigter, besser gestellt, war sie edler als die unglückselige Frau dort vorn? Jedenfalls sah sie, wenn sie sich nicht eben in grell einfallendes Sonnenlicht begab, auch ohne viel Kosmetik wie höchstens sechsunddreißig aus. Sie war Sekretärin in einer Zeitungsredaktion gewesen und hatte es bis zur Verfasserin von Gerichtsreportagen gebracht. Ihre Artikel wurden gern gelesen. Manchmal wurde sie daraufhin angeredet. Manchmal wurden ihre Berichte anderswo nachgedruckt, oder andere Redaktionen riefen an und bestellten bei ihr eine Arbeit. Sie fuhr einen nicht mehr ganz neuen tschechischen Wagen, sie bewohnte eine Zwei-Zimmer-Wohnung im vierzehnten Stockwerk eines Hochhauses. Sie hatte eine gescheiterte Ehe und verschiedene Affären hinter sich. Ihre letzten beiden Freunde waren jünger gewesen als sie. Ihr einziges Kind, ein Sohn, war für achtzehn Monate bei der Armee, später würde er Maschinenbau studieren. Sie blickte zum Fenster. Draußen regnete es weiter.

Der Mann, der schräg hinter ihr saß, stand jetzt auf und trat vor den Richtertisch. Man konnte erkennen, daß er ein steifes Bein hatte. Der Mann kam von der Betriebsleitung des Bahnhofspostamtes, er sollte zugunsten von Martha M. aussagen, als gesellschaftlicher Verteidiger. Der Mann erklärte, daß er Martha M. nicht kenne, aber jemand anderes als er sei heute nicht verfügbar gewesen. Der Mann sagte, den Personalunterlagen zufolge liege außer dem Delikt, das hier zur Verhandlung stehe, gegen Martha M. nichts vor. Martha M. sei insgesamt viermal aushilfsweise beschäftigt worden. Sie sei pünktlich gewesen. Der Mann sprach monoton. Er benutzte einen Aktenordner für seine Aussage. Weder der Staatsanwalt noch die Beisitzer stellten eine Frage an ihn.

Sie dachte daran, daß sie bis zum Wochenende noch eine Reportage schreiben mußte, über eine andere Verhandlung; sie hatte vergessen, danach zu fragen, wann der Prozeß gegen die Autoschieber nun wirklich begann. Sie blickte stumpfsinnig auf ihren Regenschirm. Sie hatte ihn an die Kante eines Stuhles gelehnt, rund um die Spitze des Schirms hatte sich eine Pfütze gebildet, dunkler schillernder Fleck auf dem hellen Bodenbelag aus Kunststoff. Unvermittelt fiel ihr ein, daß sie daheim bald einen Maler würde bestellen müssen. Die Stupidität dieses Vormittags und die Langeweile, die er verströmte, führten sie von einem läppischen Gedanken zum nächsten. Sie dachte daran, wie über den Radiatoren in ihrer Wohnung graue Schatten die weißen Wände hinangingen, die warme Luft hatte Staub angezogen, der Staub hatte sich auf den Kalk gelegt. Je älter sie wurde, desto heftiger wurde in ihr das Bedürfnis nach Reinlichkeit. Es begann geradezu psychotische Dimensionen anzunehmen. Waschzwang war eine seelische Krankheit. Vielleicht war sie davon infiziert, da sie niemanden mehr zu versorgen hatte als sich selbst. Sie fröstelte bei dem Gedanken ans Alleinsein und hatte Angst, für jemanden verantwortlich zu werden. Sie war müde. Sie war verdrossen und lustlos. Verreisen, dachte sie; und sofort sah sie sich in das Erste-Klasse-Abteil eines D-Zuges einsteigen, sie legte ihr Gepäck ins Netz, eine buntgemusterte Reisetasche, es saß niemand im Abteil außer ihr, sie sah den Zug aus dem Bahnhof hinausfahren, schmutzige Hinterhäuser rutschten am Fenster vorbei. Sie gähnte. Sie war zweiundvierzig Jahre alt, zwei Jahre älter als Martha M., die jetzt wieder vor ihr saß. In der Querfalte des Nackens von Martha M. klebte Feuchtigkeit. Martha M. mußte während der Aussage sehr geschwitzt haben.

Der Staatsanwalt stand auf. Sein Plädoyer war kurz. Er sagte, angesichts der unguten Lebensumstände von Martha M. wolle man, trotz der Art des Vergehens, trotz der Vorstrafen, noch einmal nachsichtig sein, aber das sei nun das letztemal. Wieder so ein Fall, und die Lampe sei tot. Der Staatsanwalt beantragte acht Monate Freiheitsentzug, ausgesetzt zur Bewährung. Martha M. nickte eilfertig, als sei sie mit allem einverstanden.

Der Vorsitzende hob die Verhandlung auf. Er stellte die Urteilsverkündung für vierzehn Uhr in Aussicht, das war in zwei Stunden. Sie klappte ihren Notizblock zusammen. Sie würde über diesen Fall nicht schreiben. Sie hatte kein Verhältnis dazu gefunden, sie hatte kein Verhältnis dazu finden wollen, an diesem Fall war nichts komisch gewesen und nichts spektakulär, damit entfielen jene beiden Gründe, aus denen sich über Gerichtsverfahren für die Zeitung schreiben ließ. Sie dachte an das Gesicht des Lokalredakteurs. Sie stellte sich das Kopfschütteln des Lokalredakteurs vor bei der Lektüre eines Artikels über Martha M., Aushilfsarbeiterin, verheiratet mit einem Trinker, Mutter von sechs Kindern, eines epileptisch, vorbestraft, jetzt verurteilt wegen eines Eigentumdeliktes. Wer würde sich davon belehren lassen wollen? Wen würde das belustigen können?

Sie ging hinaus auf den Korridor. Sie sah Martha M. neben einem Aschenbecher stehen. Martha M. stand gekrümmt und zog gierig an einer Zigarette. Martha M. blickte zu ihr herüber. In Martha M.s Gesicht war ein Ausdruck von Erschöpfung und stumpfsinniger Hysterie, woraufhin sie selbst sich

ergriffen fühlte von einer gewissermaßen schwesterlichen
Empfindung, die sie sich sofort wieder ausredete. Sie überlegte, ob sie zu Martha M. hingehen, ihr die Hand reichen
und ein paar freundliche Worte sagen sollte. Sie unterließ das.
Martha M. würde feuchte Handflächen haben. Es gab kaum
etwas, das sie so mit Ekel erfüllen konnte wie feuchte
Hände.
Sie ging den Gang hinunter bis zur Treppe. Das Urteil gegen
Martha M. würde ausfallen, wie der Staatsanwalt es beantragt
hatte, oder es würde höher ausfallen oder niedriger. Sie
wurde allmählich wütend über den vertanen Vormittag und
über die ziellose Ungerechtigkeit des menschlichen Lebens;
ich sollte wirklich verreisen, dachte sie, ich bin nichts als
überarbeitet. Mit einer farbigen Präzision, wie sie sonst die
Ausstattung von Träumen war, sah sie sich im Wartesaal des
Bahnhofs sitzen, vor sich ein Glas mit Tee. Die Hinterwand
des Wartesaals grenzte an die Räume des Bahnhofspostamtes.
Martha M. war zwei Jahre jünger als sie; man erkannte das
nicht, aber es war eine biologische Tatsache.
Sie trat aus dem Gerichtsgebäude hinaus auf die Straße. Es
regnete immer noch. Sie ließ ihren Wagen auf dem Parkplatz.
Sie ging einen Schnaps trinken.

4. Schuld und Verantwortung

Siegfried Lenz: Tote Briefe

Auch sein Brief landete bei uns, auch Josuas Brief. Er erwartete mich in einem Packen anderer Briefe, die ausnahmslos
unzustellbar waren, weil die Adresse sich als fehlerhaft her-
ausgestellt hatte, weil der Empfänger nicht ermittelt werden
konnte und weil, schließlich, ein Absender fehlte, an den der
Brief hätte zurückgeschickt werden können. Wir drei hier in
der sogenannten Abteilung »Tote Briefe«, die jeden Tag
unzustellbare Postsendungen bearbeiten, sind uns einig, daß
es ganz schön happig ist, was einem Briefzusteller mitunter

zugemutet wird: da wird bei den Anschriften gesaut und geschmiert, Hausnummern werden mit Fragezeichen angegeben, Ortsnamen werden falsch geschrieben, es wird gewischt und radiert, befeuchtet und mit Duft imprägniert, und wer eine charakteristische Handschrift zu haben glaubt, der muß es uns wohl unbedingt auf den Briefumschlägen beweisen. Jedenfalls, wer so wie wir von morgens bis abends die hingerotzten Hieroglyphen der Postkunden entziffern darf, der wird sich, das können Sie mir glauben, nicht darüber wundern, warum zentnerweise Briefe als unzustellbar zurückgehen; da hilft auch aller detektivische Spürsinn nichts.

Sein Brief fiel mir sofort auf, ein Luftpostbrief, leicht zerknittert, die eine Hälfte beschmutzt von einem Abdruck unbekannter Herkunft – vielleicht war es der Abdruck eines nackten Fußballens –, das Porto war bei weitem überbezahlt, reichte für drei oder sogar vier Luftpostbriefe; etwas Ähnliches haben Sie wohl auch schon erlebt. Speerfischer waren auf den Briefmarken abgebildet, hagere, hochgewachsene Männer, die am Bug schlanker, gleitender Boote standen, jeder ein Inbegriff gesammelter Aufmerksamkeit, die den lauernden Schatten in einem nur ahnbaren Flußbett galt. Palmen, hingebogen, wuchsen ohne Berührung mit der Erde. Die Anschrift war leserlich; die Buchstaben, mit Kopierstift ausgezogen, verrieten Sorgfalt und Mühe zugleich, bezeugten aber auch eine gewisse Zärtlichkeit, die sich in angedeuteten Schmuckbögen und ornamentalen Kringeln ausdrückte, vor allem beim Namen des Empfängers – Lena Kuhlmann –, der mit Schnecken und Spiralen verziert war. Quer über diese Adresse lief die eilige Schrift unseres Briefzustellers: Empfänger nicht zu ermitteln; Datum.

Da der Absender fehlte, öffnete ich rechtmäßig den Brief, hoffte auf eine Anspielung, ein Zeichen, einen Hinweis, mit deren Hilfe ich, wie so manches Mal zuvor, den Adressaten ausfindig machen könnte. Der seidig glänzende Papierbogen war kaum zur Hälfte beschrieben, der Text lautete wörtlich:

52

Geehrte Frau Lena, gut angekommen in der Heimat, aber das Gericht hat geworfen den Tod. Ich, Josua, werde tot den ersten September, 4:3 a. m. Executions finden ihren Platz immer an dem Strand. Möchte ich einen Brief haben mit einem guten Wort, wenn möglich an alte Vateradresse. So sie binden fest an die Pfähle werde ich das Meer sehen nach Norden.

Josua

Ich las den Brief mehrmals, trug ihn dann zu Karl hinüber, dem alten Fuchs und Meister, unter dessen Vergrößerungsglas nicht allein die schlimmste Klaue leserlich wurde; witternd und kombinierend entschlüsselte er auch verkapselte Sachverhalte und Schicksale, brachte unscheinbare Indizien zum Reden, deutete und folgerte mit einer Ausdauer, die oft genug auf die verwischte Spur eines Empfängers führte. Viele luschige Briefschreiber wissen gar nicht, daß sie es nur Karl zu verdanken haben, wenn ihre Briefe trotz der mistigen Anschriften schließlich ihr Ziel erreichen, Karl mit seinem einmaligen Gespür, die entscheidenden Andeutungen zu finden, die eine Postsache vervollständigen und damit zustellbar machen.

Diesmal wußte er keinen prompten Rat. Sehr langsam glitt sein Vergrößerungsglas über den Text des Briefes, stockte mitunter, senkte sich, er schüttelte den Kopf und seufzte und ließ seine Hand resigniert auf den Tisch fallen; ich sah, wie schwer es ihm fiel, sich zu bedenken. Dann hob er mir sein Gesicht entgegen – sein linkes Auge war blind, es wirkte wie geronnen oder zerkocht – und murmelte: Hier mußt du etwas tun; ich weiß nicht, was, aber du mußt etwas tun; heute haben wir den zwanzigsten August. Glaubst du, daß es stimmt? fragte ich, daß jedes Wort stimmt? Ja, sagte Karl, denn er hat etwas Entscheidendes verschwiegen, er hat die Vateradresse absichtlich nicht genannt – aus Angst. Sein Tod scheint ihm weniger zu bedeuten als der Schutz der Vateradresse, die er beim Empfänger als bekannt voraussetzt. Da scheint etwas Furchtbares zu passieren, sagte ich, und Karl darauf: Ja, wie

53

bei mir hier, wie bei dieser kleinen Griechin, die ihren deutschen Verlobten sucht.

Im Verzeichnis des Einwohnermeldeamtes fand ich sofort den Namen Lena Kuhlmann; ihr Beruf war mit Verkäuferin angegeben, sie wohnte in einer Gegend, die sich hochtrabend Gartenstadt nennt – kennen Sie wohl –, zumindest hatte sie dort gewohnt, in einer der winterfesten Lauben oder Behelfsheime, die nach dem Krieg mit Duldung der Behörden errichtet wurden, vorläufige Unterkünfte, die bewiesen, wie dauerhaft einer sich wohlfühlen kann in der Vorläufigkeit. Lena Kuhlmann war neununddreißig Jahre alt; einen Herrn Kuhlmann schien es nicht zu geben, jedenfalls war unter der Anschrift Johannisbeerweg zwölf keiner gemeldet. Ich dachte an die Gärten dort: feste lehmbraune Erde, ein bißchen schmierig, sehr fruchtbar; jeder Quadratmeter war bestellt, trug Kohl, Sellerie, Porree; viel Beerenobst an den Rändern; an warmen Abenden redeten sie über die Zäune hinweg, setzten sich zum Bier zusammen.

Während ich andere unzustellbare Post bearbeitete, lag Josuas Brief für sich auf einer Ecke meines Schreibtisches; immer wieder nahm ich ihn in die Hand, ließ mich von den Bildern verschlagen, die beim Lesen wie von selbst aufstiegen: ein heißes, stickiges Gefängnis in einer weißen Stadt, vor dem schiefen Gitter das Gesicht eines dunkelhäutigen Mannes, der hochgewachsen war wie die Speerfischer auf den Briefmarken, Posten in Khakizeug mit automatischem Gewehr, in samtener Dunkelheit das Kreuz des Südens über der Lagune, Josuas Würde und Gleichmut. Ohne daß ich darauf aus war, stellte sich Nähe ein, ich sah ihn dort und hier, auf sein Schicksal wartend in der hartgestampften Zelle, neugierig den sogenannten Johannisbeerweg hinabschlendernd zu Nummer zwölf. Sie mußten ihn dort kennen in der Gartenstadt, sie mußten sich seiner erinnern, also mußten sie auch in der Lage sein, Auskunft zu geben über Lena Kuhlmann, der er doch offenbar nicht weniger zutraute, als daß sie ihm das Sterben erleichtern könnte.

Das Haus Nummer zwölf müssen Sie gesehen haben: nicht

nur, daß es das größte und unförmigste Gebäude am Johannisbeerweg war – in gewissen Abständen war es um Veranden und Erker erweitert worden –, es war außerdem in einem fast schmerzhaften Rosa getüncht und hatte wohl ebenso viele Ausgänge und Eingänge wie der Bau eines Murmeltiers. Der Garten war nicht bestellt – im Unterschied zu den anderen Grundstücken, auf denen sie sich um jede Mohrrübe, jeden Kohlrabi einzeln zu kümmern schienen. In einem halbdunklen Schuppen stützten sich zwei rostige Fahrräder gegenseitig, sie zogen den Blick ab von hingeschmissenen Matratzen und Gießkannen und allerlei unbestimmbarem, hindämmerndem Krempel.

Die Tür, von der man vor kurzem ein Namensschild entfernt hatte, schien mir der Haupteingang zu sein; ich fühlte nach Josuas Brief in meiner Tasche und klingelte.

Sie müssen wissen: es gehört nicht zu meinen Aufgaben, die Suche nach einem Empfänger mit allen Mitteln anzustellen, also persönlich am Ort zu erscheinen und die Sachlage zu erkunden; im allgemeinen werden unzustellbare Briefe eine Zeitlang bei uns aufbewahrt und dann vernichtet; doch diesmal konnte ich es einfach nicht nach Schema laufen lassen und folgte bereitwillig dem zwanghaften Bedürfnis, den Brief wunschgemäß zu vermitteln – nicht zuletzt, ich gebe es zu, damit die Bitte des Mannes da unten erfüllt würde.

Der zierlichen, energischen Frau, die erst nach mehrmaligem Klingeln öffnete, hielt ich auf flach ausgestreckter Hand Josuas Brief hin, und um ihrem automatisch entstehenden Mißtrauen zu begegnen, stellte ich mich als »Mann von der Post« vor. Ob Lena Kuhlmann hier wohne? fragte ich so unbefangen wie möglich, worauf die Frau, leicht gereizt und mit Entschiedenheit sagte: Nicht mehr; sie hat früher hier gewohnt, aber nun nicht mehr. Wissen Sie, wo sie sich aufhält, fragte ich. Nein, sagte die Frau – und ich sah, daß sie log –, nein, keine Ahnung. Ich sagte aufs Geratewohl: Sie sind Ihre Schwester, nicht wahr?, worauf die Frau sich abwandte und forschend den Weg hinabblickte, hastig suchend über die Gärten spähte und dann leise fragte: Von der Polizei, nicht? Sie sind von der Polizei? Ich gab ihr den geöffneten Brief, bat sie, den Inhalt zu lesen und selbst zu entscheiden, ob Frau Kuhlmann ihn erhalten sollte, und dann überflog sie den Brief, während ich vor ihr stand, sah fassungslos zu mir auf, las noch einmal und machte eine Geste der Hilflosigkeit. Sie sehen selbst, wie wichtig es ist, sagte ich. Die Frau nickte, sie schien zu überlegen, ob sie mich ins Haus bitten sollte, der Inhalt des Briefes hatte sie offenbar so getroffen, daß sie bereit war, ihre abweisende Haltung aufzugeben; doch ihr Argwohn – oder ein Versprechen, das sie gegeben hatte – erwies sich als stärker. Können Sie wiederkommen, fragte sie, können Sie in einer Stunde wiederkommen? Sicher, sagte ich.

Wenn man mich fragt, was ich nicht ertragen, nicht ausstehen kann, dann muß ich mit einiger Berechtigung sagen: das Unvollständige. Alles Lückenhafte widert mich an, es quält mich, läßt mir keine Ruhe, ich muß es ergänzen, vervollständigen, wenn Sie verstehen, was ich meine: weiße Stellen, ganz gleich, wo sie vorkommen, rufen in mir eine brennende Unzufriedenheit hervor. Deshalb kam ich gar nicht erst in Versuchung, die Stunde in einem laubenartigen Café abzuwarten, das sich »Zur Flurwirtin« nannte; ich ging lediglich den Johannisbeerweg hinab, drückte mich durch eine Hagebuttenhecke und setzte mich, durch einen Stapel von ausgesonderten Schwellen gedeckt, auf den von Abfällen versauten Damm der S-Bahn, von wo aus ich das Haus Nummer zwölf beobachten konnte. Krähen suchten hoppelnd den Damm ab, in unmittelbarer Nähe hörte ich den scharfen Pfiff von Ratten. Donnerte ein Zug über mir vorbei, dann riß der Fahrtwind Plastikfetzen und Papier hoch und entführte das Zeug in die nächsten Gärten.

Als Lena Kuhlmanns Schwester das Haus verließ, trug sie einen offenen Mantel; auch in ihrer Eile vergaß sie nicht, zu sichern, spähte starr die Wege hinab, warf einen prüfenden Blick in den Schuppen. Leicht konnte ich den rostbraunen Mantel verfolgen, der sich an löchrigem Gebüsch entlangbewegte, vor Wegkreuzungen verharrte, schließlich, nachdem er sanft über einen mit Pfützen bedeckten Platz geweht war, auf ein Haus zusegelte, das mausgrau am Rand der Gartenstadt lag. Noch bevor sie die drei, vier Stufen erstiegen hatte, öffnete sich vor der Frau die Tür und wurde sogleich hinter ihr geschlossen. Daß ein Schlüssel umgedreht wurde, möchte ich für sicher halten.

Ich sah auf die Uhr: nicht weniger als vierzig Minuten mußte ich warten; dann wurde die Tür wieder geöffnet, zwei Frauen traten hinaus, gingen anscheinend Hand in Hand die Wege hinauf zum Haus Nummer zwölf; sie gingen keineswegs im gleichen Rhythmus und von gleichem Wunsch erfüllt; je näher sie kamen, desto deutlicher war zu erkennen, daß die Frau im rostbraunen Mantel nicht nur den Weg bestimmte, sondern auch Energie und Worte aufwenden mußte, um die magere blonde Frau, die einen halben Schritt zurückhing, mit sich zu ziehen. Ich brauche Ihnen nicht zu sagen, daß es Lena Kuhlmann war, die hinter ihrer Schwester herwankte, nicht widerstrebend oder apathisch, sondern, wie ich auszumachen glaubte, nur müde und kraftlos. Beim Aufgang zu Nummer zwölf mußte sie sich auf das klotzige Geländer stützen.

Sollen sie noch eine Weile für sich haben, dachte ich, sollen sie sich besprechen, abstimmen; mir ging es nur um die Zustellung dieses Briefes, mein Auftrag schien erfüllt zu sein. Im Grunde hätte ich mir einen zweiten Besuch schenken können, doch weil die Schwester mich gebeten hatte, wiederzukommen, kreuzte ich nach der vereinbarten Zeit noch einmal auf, erwartete nicht mehr als ein bestätigendes Nicken oder einen achtlosen Dank, mit dem die meisten uns abspeisen. Zu meiner Verblüffung aber wurde ich stumm und heftig ins Haus gezogen, dankbar sogar; ohne mir eine Gelegenheit zu geben, mich umzusehen, zog die zierliche Frau mich über einen trüben Flur, öffnete eine Schiebetür und deutete in ein mit unausstehlichen Rohrmöbeln überladenes Wohnzimmer, in dessen Mitte, genau unter einer Hängelampe, Lena Kuhlmann saß.

Bei meinem Eintritt wandte sie nicht den Kopf; starr saß sie da, verloren, wie geborgt, neben einem Stuhlbein lag ihre aufgeklappte Handtasche. Augenscheinlich hatte sie sich an einem Bord festgesehen, das mit Zinnkrügen besetzt war; denn nach einer flüchtigen Erwiderung meines Grußes blickte sie wieder an mir vorbei auf die kleine Sammlung. Sie hatte ein ausgezehrtes Gesicht, tiefliegende Augen; ihre hängende Unterlippe wurde von leichtem Zittern bewegt; das volle, aber stumpfe Haar wellte sich in ihrem Nacken.

Nach meiner Schätzung war Lena Kuhlmann älter als ihre Schwester, die mir nun einen der Rohrstühle anbot und die teilnahmslose Frau aufforderte, mir zu sagen, was zwischen ihnen ausgemacht worden war. Lena Kuhlmann schwieg, nur ein Zug des Bedauerns glitt über ihr Gesicht. Ihre Schwester trat hinter sie, streichelte ihre Schulter und bat verzweifelt: Nun sag doch schon dem Herrn, daß sie weg ist, Josuas Adresse, daß du sie nicht finden kannst, nun sag es doch schon.

Lena Kuhlmann wandte mir ihr Gesicht zu, ihre geweiteten, glanzlosen Pupillen richteten sich auf mich, und mit einer Bekümmerung, die nur mechanisch wirkte, flüsterte sie: Josuas Vateradresse war immer in der Handtasche; nun ist sie fort. Aber wir wollen ihm schreiben, sagte die Schwester schnell und mit Bestimmtheit, wir müssen Josua schreiben, nicht wahr? Das haben wir doch beschlossen, Lena.

Lena Kuhlmann sah mich mit einem Ausdruck von Ratlosigkeit an, als wollte sie fragen: Wohin, wohin denn soll ich den Brief adressieren? Ich hatte den Eindruck, daß sie von mir bestätigt zu werden wünschte in ihrem Verzicht; doch ich reagierte nicht, ich steckte mir eine Zigarette an und beobachtete, mit welch bitterem Eifer die Schwester nach Schreibzeug suchte, und nachdem sie einen linierten Block und einen Kugelschreiber aufgestöbert hatte, beides zu Lena hintrug und zuerst bittend und dann befehlend sagte: Schreib, komm, schreib an Josua, er hat's verdient, los, fang schon an! Sie legte das Schreibzeug auf Lenas Schoß, blickte vorwurfsvoll auf sie hinab, sinnend und mit unbarmherziger Ausdauer, und plötzlich schrie sie, schrie so laut, daß ich erschrak: Los! Schreib! Tu, was du ihm schuldig bist, du ... du ... Mit

Tränen in den Augen wandte sie sich ab, lief auf den Flur hinaus, kehrte jedoch gleich wieder zurück, beherrscht und erbittert und sagte: Schreib an Josua, Lena, bitte.

Und wie um Lena ihrer Aufgabe zu überlassen, kehrte sie ihr den Rücken und trat auf mich zu mit schütterem Lächeln und sagte: Fast, fast wären sie verheiratet; ich kann es Ihnen ruhig erzählen; fast wären sie getraut worden, und Josua hätte seine Aufenthaltsgenehmigung bekommen und wäre nicht abgeschoben worden. Ich spürte an ihrer lauschenden Haltung, daß das, was sie mir erzählte, nicht für mich allein bestimmt war, es galt ebenso der Frau, die entschlußlos auf dem Stuhl saß und nur auf das Schreibzeug starrte. Fast, wiederholte die Schwester mit ruhiger Verachtung, aber selbst für den Augenblick auf dem Standesamt mußte sie das Zeug nehmen, der Standesbeamte erkannte, daß sie nicht ganz bei sich war, darum forderte er sie beide auf, noch einmal in sich zu gehen und zu gegebener Zeit wiederzukommen.

Zu Hause angekommen, wurde Lena bereits von ihren beiden Freunden erwartet, die ihr zunächst ohne ein Wort die fünfzehnhundert Mark aus der Handtasche holten – den Betrag, den sie als Lohn für den Gang zum Standesamt erhalten hatte – und die bemüht waren, Josua zu besänftigen. Er, Josua, soll danach nur dagesessen haben in unergründlichem Schweigen, eine mehrfarbige Schnur zwischen den Fingern, in die er, ohne hinzusehen, Knoten schlug, die er nach flüchtigem Befummeln wieder auflöste.

Es war unentscheidbar, ob Lena Kuhlmann zuhörte; sie verhielt sich regungslos und starrte auf das Schreibzeug und veränderte ihre Haltung auch dann nicht, als die Schwester sich zu ihr hinabbeugte und begütigend auf sie einsprach. Sie werden verstehen, daß ich mir jetzt das Recht nahm, mehr zu erfahren; ich unterbrach sie, ich fragte: Um was ging es denn? Bleiben, sagte die Schwester nach einer Weile, Josua wollte nur hier bleiben. Er war in irgend etwas verwickelt, dort, wo er herkam, seine Familie hatte für ihn gesammelt, so erschien er hier, doch seine Anträge auf Aufenthaltsgenehmigung wurden abgelehnt.

Jedenfalls, nach der geplatzten Trauung richtete sich Josua allem Anschein nach aufs Warten ein, er erschien immer wieder unangemeldet vor dem Haus, erkundigte sich nach Lenas Befinden und brachte ihr kleine Geschenke, und wenn ihm nicht geöffnet wurde, ging er in den Schuppen, setzte sich auf die Matratzen und beobachtete das Haus. Stundenlang konnte er so sitzen, brütend und ergeben, mit unentmutigter Geduld, als sei das, was er sich wünschte, einlösbar und nur eine Frage der Zeit. Oft verbrachte er eine ganze Nacht im Schuppen.

Fast, sagte die Schwester, wäre es Josua gelungen, Lena von dem Zeug zu befreien, mit dem sie sich hochbrachte. Er wußte, von wem sie es erhielt, er ahnte die Zusammenhänge. Sie duldete seine Anwesenheit, und er stand ihr bei, wenn sie, außer sich, die Wände raufgehen wollte. Wer weiß, sagte die Schwester, wohin sich alles von selbst entwickelt hätte.

Plötzlich ließ Lena Kuhlmann den Schreibblock auf den Boden fallen, sie würgte, rang nach Luft, zeigte auf eine Seltersflasche. Ihre Schwester gab ihr zu trinken und sagte auf einmal glücklich: Du schreibst ja, Lena, du hast ja schon angefangen, hier – sie bückte sich nach dem Block und legte ihn auf Lenas Schoß –, mach nur weiter, Josua hat es verdient. Sie streichelte sie voller Anerkennung und nickte mir erleichtert zu. Warum mußte er fort, fragte ich. Ah, sagte sie erbittert, dieses Gespann hat dafür gesorgt, dieses Freundesgespann: sie haben auf sein Geld verzichtet, weil etwas anderes ihnen wichtiger war. Josua wurde abgeschoben. Die Schwester wandte sich der Schreibenden zu, beobachtete, wie diese sich leicht wegdrehte und den Block abzuschirmen versuchte und nach einiger Zeit des Bedenkens den Brief beendete, ohne aufzusehen oder innezuhalten. Zittrig löste sie den Bogen, faltete und kuvertierte ihn. Und dann – Sie dürfen mir glauben, daß ich ganz schön überrascht war –, dann stand Lena Kuhlmann abrupt auf; sie, die bisher kaum ein Wort an mich gerichtet hatte, trat auf mich zu und hielt mir den Brief hin und sah mich bittend an. Sie müssen ihn ausfindig machen, sagte sie und fügte hinzu: Seine Vateradresse, ich weiß genau, daß ich sie in der Handtasche hatte, vielleicht hat man sie mir herausgenommen. Die genaue Adresse hätte uns sehr geholfen, sagte ich. Sie lächelte bekümmert und fragte: Sie werden doch alles versuchen? Alles, was uns möglich ist, sagte ich. Selten zuvor bin ich so bedankt worden wie bei meinem Abschied am Johannisbeerweg.

Sie werden sich wohl schon gedacht haben, daß ich auch diesen Brief Karl zeigte, dem noch immer mehr eingefallen war als uns allen zusammen. Skeptisch wog er ihn in der Hand, suchte ihn mit dem Vergrößerungsglas ab, automatisch. Er blickte auf den in Blockbuchstaben geschriebenen Namen, während ich ihm erzählte, was ich wußte; ich sagte ihm auch, wieviel mir daran gelegen war, daß dieser Brief seinen Empfänger erreichte.

Hör zu, sagte er nach einer Weile, schreib unter den Namen: »verurteilt« und schick den Brief an die Hauptpost dort unten; wenn unsere Kollegen sich soviel Mühe geben wie wir, werden sie den Mann schon finden. Ist das dein Ernst, fragte ich, und er darauf: Sicher, was sonst?

Ingeborg Drewitz: Erlenholz

Kommen Sie mit mir? Sie lieben doch auch Kiefern und Gräser wie ich! Wir sind Großstadtkinder beide. Haben uns beide wie junge Hunde gerollt, wenn keine Pflastersteine zwischen den Sohlen waren. Haben uns beide nicht ausgekannt zwischen Buchen und Erlen. So etwas muß man lernen: Erlenlaub verrottet schwarz, Buchenlaub kupfern, Buchenholz ist klar wie Honig, Erlenholz brandig rot und fasrig, Holz aus Wasser, die Ratten hausen unter den Wurzeln, lichtscheues Gesindel. Und sie sterben unbeachtet, die Erlen, wenn das Wasser steigt, stehendes, fauliges Wasser, das sie von den Wurzeln her abwürgt. Tapfere Bäume sind die Erlen, nicht wahr?

Kommen Sie! Wenn wir draußen sind, will ich's Ihnen erzählen. Eigentlich ist es nichts Besonderes. Meine Frau hat überhaupt nicht gemerkt, daß was los war. Vielleicht finden Sie's auch nicht wichtig, aber ich, ich . . .

Das war vor drei Jahren im Sommer.

Hören Sie die Hitze in den Kiefern? Das klirrt und knistert, und immer, wenn sich ein pergamentnes Fetzchen von der Borke schält, gibt es einen leisen Knick. Unten im Luch – aber ich will nicht vorgreifen.

Meine Frau hat sich die Decke ins Gras gelegt und die Arme im Nacken verschränkt, sie liebt die Sonne, meine Frau. Martin hat einen Feuersalamander entdeckt, um den baut er aus Kiefernnadeln einen Wall. Unser Junge ist ein Eigenbrötler, aber auffallend begabt, sagen die Lehrer. Auffallend begabt . . .

Sie sehen, der Weg ist oft begangen, Städter, die die Einsamkeit suchen, Pilzsammler und die Rentner aus dem nahen Altersheim haben ihn ausgetreten. Sie können unbesorgt mit mir kommen. Sie überragen mich übrigens genauso um einen halben Kopf, wie ich meinen Vater überragt habe als junger Mann. Aber das wollte ich Ihnen gar nicht sagen. Auch das nicht, daß ich meinen Vater gehaßt habe. Wir gehen jetzt beide den ausgetretenen Weg ins Luch. Weil das Altersheim in der Nähe ist, haben wir den Ausflug gemacht. Zur Kaffeezeit wollen wir den alten Herrn besuchen.

Unsereiner sagt jetzt so: Der alte Herr! und besucht ihn einmal im Monat in dem schön gelegenen Altersheim. Mutter ist im Krieg gestorben, Herzgeschichte, aber das ist lange her, und wir denken ohne Trauer an sie. Unten im Luch singt jemand was Sentimentales, Altmodisches, »aus der Jugendzeit« oder so ähnlich. Dazwischen lacht er so, wie Krähen keifen, wenn sie wütend sind. Alterswahnsinn nennt es das Pflegepersonal im Heim, kommt öfter vor, meist bei den Zähen, die nicht sterben können. Wir gehen weiter, Sie und ich, aber ich rede nicht mehr, und Sie haben die Lippen geöffnet, ich glaube beinahe, Sie haben Angst. Warum Angst? Der Tag ist warm, und hinter den Kiefern ziehen die buckligen weißen Wolken wie heilige Kühe langsam und selbstherrlich über den Himmel. Warum also Angst?

Dann sitzt Vater vor uns, alt, hager, der runde Kopf eisengrau und stopplig, und ist über und über beschmutzt, als wäre er ins Luch gefallen. Dabei trägt er den guten Anzug, den wir ihm erst Weihnachten geschenkt haben.

»Bin ich auch«, lacht er, »bin ins Luch gefallen. Verdammte Erlen!« Wir sehen beide, daß seine Augen hervorquellen und daß er Blut spuckt. Und weil wir zwei sind, beschließen wir, ihn auf unsere verschränkten Arme zu setzen. Aber er will noch irgend etwas. Erschreckend, wie seine Stimme zerfällt und seine Finger sich krümmen. Endlich sehen wir in dem schwarzen Wasser einen Strick schwimmen. Eine Erle ist frisch gestürzt, aus den Wurzelballen tropft noch der Modder. Der Strick hängt mit der Erle zusammen. Aber wir haben kein Messer und haben auch gute Anzüge an, die werden ohnehin schmutzig beim Tragen. Wir gehen den Weg zurück, aber nicht zum Grasplatz, weil sich Maria, meine Frau, dort sonnt. Wir biegen hundert Meter früher in den Wirtschaftsweg ein, der im Hof vom Altersheim endet. Sonntag nachmittag ist natürlich kein Arzt im Heim, und es ist ja auch nichts mehr zu machen. Die mit Vater auf dem Zimmer sind, schlurren in den Leseraum, die Schwester will Vater ausziehen, aber er ist krumm wie altes Holz, und es dauert auch nicht sehr lange. Die Sonne malt Kringel über sein Bett, und als es vorbei ist, lächelt er. Maria wartet schon im Lesezimmer, wie alle Sonntagnachmittagsbesucher dort warten. Sie kommt, nachdem wir ihn zugedeckt haben. Die Sonnenkringel sind an der Wand hochgekrochen und verschwunden.

Warum ich Sie mitgenommen habe? Das ginge Sie doch nichts an, meines Vaters Ende.

Natürlich nicht. Jeder erlebt mal seines Vaters Ende. Und schließlich ist es schnell gegangen. Genau zwanzig Minuten, die er gelegen hat. Zwanzig Minuten, in denen ich am Bett gesessen habe. Mein Vater war ein ansehnlicher Mann, solange ich mich erinnern kann. Architekt. Als ich noch auf die Grundschule ging, gab es viel Besuch bei uns, und ich erinnere mich, daß wir ein großes Haus führten, wir hatten neun oder zehn Zimmer, solche Wohnungen baut man heute

63

nicht mehr. An dem Tag, als wir den Film *Hitlerjunge Quex* mit der Schule sahen, das ist die Geschichte von so einem blonden Jungen, der erschossen oder niedergestochen wird, Märtyrer für die Nazis, an diesem Tag zogen wir um. Drei Zimmer, kein Fahrstuhl, Küchengerüche. Später mußten wir noch ein Zimmer vermieten, und Vater ging mit dem Handkoffer los jeden Tag, Musterkoffer für Tapeten. Dann kam er in Haft. Ich durfte nicht über Vater sprechen in der Schule. Er wurde während des Krieges entlassen und arbeitete dann auf dem Bau. Ja, und auf dem Bau ist er geblieben, kein großer Architekt mehr geworden, hat mit unterzeichnet, das hat er noch wieder geschafft. Und dann war er fünfundsechzig und aus all der Markenkleberei als Angestellter, als Arbeiter und aus der Entschädigung für die Nazihaft hat er sich in das Altersheim eingekauft. Daran habe ich denken müssen in den zwanzig Minuten, an alles das, was sein Leben nicht geworden ist. Zwanzig Minuten, ausreichend Zeit, um das zu bedenken! Vorm Fenster draußen Wald, Kiefern, die den Straßenlärm schlucken, und die nächtliche Gloriole der Stadt, wenn mal einer wachliegt und an seine große Zeit denkt, an seine versäumte Zeit. Lachen Sie nicht, so etwas fällt einem ein, wenn man neben seinem Vater sitzt und der stirbt; der hat die Figur wie man selber, die Haltung, die Augenfarbe und das Geschlecht, hat all die Begierden und Tröstungen wie man selber – und stirbt. Und man hat ihn doch gehaßt als Junge, weil sein bloßes Dasein einen ausschloß von allem, was den andern begehrenswert war, die eine Jungenschaft führten, ein Fähnlein, die vor einer Reihe stehen und »Rührt euch!« kommandieren durften, die Sonnenwendfeuer anzünden und Zeltlager leiten durften und die einen nicht beachteten in der Pause und nach Schulschluß, wenn man mit dem Rad neben ihnen herfuhr. Später hat man den alten Herrn nicht mehr gehaßt, hätte sogar etwas wie Hochachtung vor ihm gehabt, wenn nur Zeit gewesen wäre, über ihn nachzudenken. Aber Geld war nicht da, man mußte sich durchschlagen, mußte etwas werden, ärgerte sich manchmal, weil andre Zuschüsse von ihrem Zuhause hatten, und Vater nahm damals Reitstunden, in dem Alter! Saß auf dem Pferd wie aus Pappmaché gepreßt, man war ja neugierig, man sah vom Zaun aus zu. Der Staub sprühte, das Pferd tänzelte – sie haben ja ruhige Tiere für die Anfängerkurse –, im Schweif fing sich das Licht, und Vater saß aufrecht im Tänzeln und Gleiten . . .

Und nun ist er tot, und alles ist geordnet: Bestattung, Sarg, Blumen undsoweiter, Vater hat die Versicherungsurkunde selbst unterschrieben. Und auch der Arzt kommt, die Schwester hat ihn hertelefoniert. Sie und ich, wir beide sagen nichts von dem Strick, einverstanden? Aber der Arzt findet die Wirbelsäule gebrochen, Sturzverletzungen. »Hat er nicht geschrien?« Gelacht! Der Arzt packt seine Instrumente ein, braucht noch Röntgenbefunde, sagt er der Schwester. »Morgen können Sie ihn holen lassen. Beileid, mein Herr, ist nicht anders, war ja schon Mitte siebzig!« Die aus dem Zimmer stehen im gebohnerten Flur, stumm, einer nickt.

Aber Unsinn, junger Mann, warum soll ich Sie eigentlich damit behelligen? Maria ist ja neben mir gewesen, hat ein bißchen geweint im Bett abends, wir sind zusammen eingeschlafen, nackt und warm und lebendig, und bei der Trauerfeier hat Martin geschluchzt. Und nachher, als die Taxe schon wartete und die schwarzen Kollegen sich zerstreut hatten, welche vom Bau und welche vom Altersheim, da bin ich mir selber davongegangen. Ich hatte Maria eingehakt und Martin die Hand gegeben, aber das war nur mein Körper, mein Anzug. Ich – wenn es das gibt: Ich – blieb neben der aufgeworfenen gelben Erde zurück. Und es war zu spät. Ich war immer nur weiter und weiter gehastet, kurzatmig von Ziel zu Ziel: Examen, Stellung, Beförderung, Wohnung, die Sommerreise, die größere Wohnung, die nächste Sommerreise, dazwischen manchmal Gewissensbisse: das Tun. Den Büroboten Weihnachtspäckchen packen, bei einem Unfall zugreifen, Adern abbinden, den eignen Anzug verschmieren – ein guter Mensch! sagen die Leute, ein anständiger Mensch! sagen sie – und der steht nun neben dem offenen Grab, die Friedhofsarbeiter räumen schon die Bretter und die Sandschüssel zur nächsten Beerdigung, und er weiß, daß sein Vater einen Selbstmordversuch gemacht hat. Im Altersheim

65

wissen es nur die Schwestern, Alterswahnsinn nennen sie es, wenn einer mit fünfundsiebzig auf eine Erle steigt und die Schnur schlingt, und die Erle biegt sich und stürzt. Ein lächerlicher Tod, wo doch das Luch die Erlen abwürgt von den Wurzeln her. Ein lächerlicher Tod. Und was für ein Leben?

Lachen Sie nicht, junger Mann – ich habe mich geschämt, dieses Ich da neben dem gelben Sandhügel. Geschämt, weil ich doch vergessen hatte zu lieben, meines Vaters kleines, tapferes Leben zu lieben.

Ja, das habe ich Ihnen sagen wollen. Darum habe ich Sie gebeten, mit mir zu kommen. Sie lieben auch Kiefern und Gräser, sind auch ein Großstadtkind, kennen sich auch nicht aus zwischen Bäumen, zwischen den Menschen. Messen nur immer den Schatten aus, der über Sie hinfällt, wie ich es bis zu dem Tag vor drei Jahren getan habe, den Schatten, den die Bäume alle werfen, Kiefern, Buchen, Erlen . . .

5. Verdächtig

Heinrich Böll:
Du fährst zu oft nach Heidelberg

Für Klaus Staeck, der weiß, daß die Geschichte von Anfang
bis Ende erfunden ist und doch zutrifft.

Abends, als er im Schlafanzug auf der Bettkante saß, auf die Zwölf-Uhr-Nachrichten wartete und noch eine Zigarette rauchte, versuchte er im Rückblick den Punkt zu finden, an dem ihm dieser schöne Sonntag weggerutscht war. Der Morgen war sonnig gewesen, frisch, maikühl noch im Juni, und doch war die Wärme, die gegen Mittag kommen würde, schon spürbar: Licht und Temperatur erinnerten an vergangene Trainingstage, an denen er zwischen sechs und acht, vor der Arbeit, trainiert hatte.

Eineinhalb Stunden lang war er radgefahren am Morgen, auf
Nebenwegen zwischen den Vororten, zwischen Schreber-
gärten und Industriegelände, an grünen Feldern, Lauben,
Gärten, am großen Friedhof vorbei bis zu den Waldrändern
hin, die schon weit jenseits der Stadtgrenze lagen; auf asphal-
tierten Strecken hatte er Tempo gegeben, Beschleunigung,
Geschwindigkeit getestet, Spurts eingelegt und gefunden,
daß er immer noch gut in Form war und vielleicht doch wieder einen Start bei den Amateuren riskieren konnte; in den
Beinen die Freude übers bestandene Examen und der Vorsatz, wieder regelmäßig zu trainieren. Beruf, Abendgymnasium, Geldverdienen, Studium – er hatte wenig dran tun können in den vergangenen drei Jahren; er würde nur einen neuen
Schlitten brauchen; kein Problem, wenn er morgen mit
Kronsorgeler zurechtkam, und es bestand kein Zweifel, daß
er mit Kronsorgeler zurechtkommen würde.
Nach dem Training Gymnastik auf dem Teppichboden in
seiner Bude, Dusche, frische Wäsche und dann war er mit
dem Auto zum Frühstück zu den Eltern hinausgefahren: Kaffee und Toast, Butter, frische Eier und Honig auf der Terrasse, die Vater ans Häuschen angebaut hatte; die hübsche
Jalousie – ein Geschenk von Karl, und im wärmer werdenden
Morgen der beruhigende, stereotype Spruch der Eltern:
»Nun hast du's ja fast geschafft; nun hast du's ja bald
geschafft.« Die Mutter hatte »bald«, der Vater »fast« gesagt,
und immer wieder der wohlige Rückgriff auf die Angst der
vergangenen Jahre, die sie einander nicht vorgeworfen, die sie
miteinander geteilt hatten: über den Amateurbezirksmeister
und Elektriker zum gestern bestandenen Examen, überstan-
dene Angst, die anfing, Veteranenstolz zu werden; und
immer wieder wollten sie von ihm wissen, was dies oder jenes
auf spanisch hieß: Mohrrübe und Auto, Himmelskönigin,
Biene und Fleiß, Frühstück, Abendbrot und Abendrot, und
wie glücklich sie waren, als er auch zum Essen blieb und sie
zur Examensfeier am Dienstag in seine Bude einlud: Vater
fuhr weg, um zum Nachtisch Eis zu holen, und er nahm auch
noch den Kaffee, obwohl er eine Stunde später bei Carolas

Eltern wieder würde Kaffee trinken müssen; sogar einen
Kirsch nahm er und plauderte mit ihnen über seinen Bruder
Karl, die Schwägerin Hilda, Elke und Klaus, die beiden Kinder, von denen sie einmütig glaubten, sie würden verwöhnt –
mit all dem Hosen- und Fransen- und Rekorderkram, und
immer wieder dazwischen die wohligen Seufzer »Nun hast
du's ja bald, nun hast du's ja fast geschafft.« Diese »fast«,
diese »bald« hatten ihn unruhig gemacht. Er hatte es
geschafft! Blieb nur noch die Unterredung mit Kronsorgeler,
der ihm von Anfang an freundlich gesinnt gewesen war. Er
hatte doch an der Volkshochschule mit seinen Spanisch-, am
spanischen Abendgymnasium mit seinen Deutschkursen
Erfolg gehabt.

Später half er dem Vater beim Autowaschen, der Mutter beim
Unkrautjäten, und als er sich verabschiedete, holte sie noch
Mohrrüben, Blattspinat und einen Beutel Kirschen in Frisch-
haltepackungen aus ihrem Tiefkühler, packte es ihm in eine
Kühltasche und zwang ihn, zu warten, bis sie für Carolas
Mutter Tulpen aus dem Garten geholt hatte; inzwischen
prüfte der Vater die Bereifung, ließ sich den laufenden Motor
vorführen, horchte ihn mißtrauisch ab, trat dann näher ans
heruntergekurbelte Fenster und fragte: »Fährst du immer
noch so oft nach Heidelberg – und über die Autobahn?« Das
sollte so klingen, als gelte die Frage der Leistungsfähigkeit
seines alten, ziemlich klapprigen Autos, das zweimal, manchmal dreimal in der Woche diese insgesamt achtzig Kilometer
schaffen mußte.

»Heidelberg? Ja, da fahr ich noch zwei-dreimal die Woche
hin – es wird noch eine Weile dauern, bis ich mir einen Mercedes leisten kann.«

»Ach, ja, Mercedes«, sagte der Vater, »da ist doch dieser
Mensch von der Regierung, Kultur, glaube ich, der hat mir
gestern wieder seinen Mercedes zur Inspektion gebracht.
Will nur von mir bedient werden. Wie heißt er doch noch?«

»Kronsorgeler?«

»Ja, der. Ein sehr netter Mensch – ich würde ihn sogar ohne
Ironie vornehm nennen.«

Dann kam die Mutter mit dem Blumenstrauß und sagte: »Grüß Carola von uns, und die Herrschaften natürlich. Wir sehen uns ja am Dienstag.« Der Vater trat, kurz bevor er startete, noch einmal näher und sagte: »Fahr nicht zu oft nach Heidelberg – mit dieser Karre!«

Carola war noch nicht da, als er zu Schulte-Bebrungs kam. Sie hatte angerufen und ließ ausrichten, daß sie mit ihren Berichten noch nicht fertig war, sich aber beeilen würde; man sollte mit dem Kaffee schon anfangen.

Die Terrasse war größer, die Jalousie, wenn auch verblaßt, großzügiger, eleganter das Ganze, und sogar in der kaum merklichen Verkommenheit der Gartenmöbel, dem Gras, das zwischen den Fugen der roten Fliesen wuchs, war etwas, das ihn ebenso reizte wie manches Gerede bei Studentendemonstrationen; solches und Kleidung, das waren ärgerliche Gegenstände zwischen Carola und ihm, die ihm immer vorwarf, zu korrekt, zu bürgerlich gekleidet zu sein. Er sprach mit Carolas Mutter über Gemüsegärten, mit ihrem Vater über Radsport, fand den Kaffee schlechter als zu Hause und versuchte, seine Nervosität nicht zu Gereiztheit werden zu lassen. Es waren doch wirklich nette, progressive Leute, die ihn völlig vorurteilslos, sogar offiziell, per Verlobungsanzeige akzeptiert hatten; inzwischen mochte er sie regelrecht, auch Carolas Mutter, deren häufiges »entzückend« ihm anfangs auf die Nerven gegangen war.

Schließlich bat ihn Dr. Schulte-Bebrung – ein bißchen verlegen, wie ihm schien – in die Garage und führte ihm sein neu erworbenes Fahrrad vor, mit dem er morgens regelmäßig ein »paar Runden« drehte, um den Park, den Alten Friedhof herum; ein Prachtschlitten von einem Rad; er lobte es begeistert, ganz ohne Neid, bestieg es zu einer Probefahrt rund um den Garten, erklärte Schulte-Bebrung die Beinmuskelarbeit (er erinnerte sich, daß die alten Herren im Verein immer Krämpfe bekommen hatten!), und als er wieder abgestiegen war und das Rad in der Garage an die Wand lehnte, fragte Schulte-Bebrung ihn: »Was denkst du, wie lange würde ich

69

mit diesem Prachtschlitten, wie du ihn nennst, brauchen, um von hier nach – sagen wir Heidelberg zu fahren?« Es klang wie zufällig, harmlos, zumal Schulte-Bebrung fortfuhr: »Ich habe nämlich in Heidelberg studiert, hab auch damals ein Rad gehabt und von dort bis hier habe ich damals – noch bei jugendlichen Kräften – zweieinhalb Stunden gebraucht.« Er lächelte wirklich ohne Hintergedanken, sprach von Ampeln, Stauungen, dem Autoverkehr, den es damals so nicht gegeben habe; mit dem Auto, das habe er schon ausprobiert, brauche er ins Büro fünfunddreißig, mit dem Rad nur dreißig Minuten. »Und wie lange brauchst du mit dem Auto nach Heidelberg?« »Eine halbe Stunde.«

Daß er das Auto erwähnte, nahm der Nennung Heidelbergs ein bißchen das Zufällige, aber dann kam gerade Carola, und sie war nett wie immer, hübsch wie immer, ein bißchen zerzaust, und man sah ihr an, daß sie tatsächlich todmüde war, und er wußte eben nicht, als er jetzt auf der Bettkante saß, eine zweite Zigarette noch unangezündet in der Hand, er wußte eben nicht, ob seine Nervosität schon Gereiztheit gewesen, von ihm auf sie übergesprungen war, oder ob sie nervös und gereizt gewesen war – und es von ihr auf ihn übersprungen war. Sie küßte ihn natürlich, flüsterte ihm aber zu, daß sie heute nicht mit ihm gehen würde. Dann sprachen sie über Kronsorgeler, der ihn so sehr gelobt hatte, sprachen über Planstellen, die Grenzen des Regierungsbezirks, über Radfahren, Tennis, Spanisch, und ob er eine Eins oder nur eine Zwei bekommen würde. Sie selbst hatte nur eine knappe Drei bekommen. Als er eingeladen wurde, zum Abendessen zu bleiben, schützte er Müdigkeit und Arbeit vor, und niemand hatte ihn besonders gedrängt, doch zu bleiben; rasch wurde es auf der Terrasse wieder kühl; er half, Stühle und Geschirr ins Haus zu tragen, und als Carola ihn zum Auto brachte, hatte sie ihn überraschend heftig geküßt, ihn umarmt, sich an ihn gelehnt und gesagt: »Du weißt, daß ich dich sehr, sehr gern habe, und ich weiß, daß du ein prima Kerl bist, du hast nur einen kleinen Fehler: du fährst zu oft nach Heidelberg.«

70

Sie war rasch ins Haus gelaufen, hatte gewinkt, gelächelt, Kußhände geworfen, und er konnte noch im Rückspiegel sehen, wie sie immer noch da stand und heftig winkte.

Es konnte doch nicht Eifersucht sein. Sie wußte doch, daß er dort zu Diego und Teresa fuhr, ihnen beim Übersetzen von Anträgen half, beim Ausfüllen von Formularen und Fragebögen; daß er Gesuche aufsetzte, ins Reine tippte; für die Ausländerpolizei, das Sozialamt, die Gewerkschaft, die Universität, das Arbeitsamt; daß es um Schul- und Kindergartenplätze ging, Stipendien, Zuschüsse, Kleider, Erholungsheime; sie wußte doch, was er in Heidelberg machte, war ein paar Mal mitgefahren, hatte eifrig getippt und eine erstaunliche Kenntnis von Amtsdeutsch bewiesen; ein paar Mal hatte sie sogar Teresa mit ins Kino und ins Café genommen und von ihrem Vater Geld für einen Chilenen-Fond bekommen.

Er war statt nach Hause nach Heidelberg gefahren, hatte Diego und Teresa nicht angetroffen, auch Raoul nicht, Diegos Freund; war auf der Rückfahrt in eine Autoschlange geraten, gegen neun bei seinem Bruder Karl vorbeigefahren, der ihm Bier aus dem Eisschrank holte, während Hilde ihm Spiegeleier briet; sie sahen gemeinsam im Fernsehen eine Reportage über die Tour de Suisse, bei der Eddy Merckx keine gute Figur machte, und als er wegging, hatte Hilde ihm einen Papiersack voll abgelegter Kinderkleider gegeben für »diesen spirrigen netten Chilenen und seine Frau.«

Nun kamen endlich die Nachrichten, die er mit halbem Ohr nur hörte: er dachte an die Mohrrüben, den Spinat und die Kirschen, die er noch ins Tiefkühlfach packen mußte; er zündete die zweite Zigarette doch an: irgendwo – war es Irland? – waren Wahlen gewesen: Erdrutsch; irgendeiner – war es wirklich der Bundespräsident? – hatte irgendwas sehr Positives über Krawatten gesagt; irgendeiner ließ irgendwas dementieren; die Kurse stiegen; Idi Amin blieb verschwunden.

Er rauchte die zweite Zigarette nicht zu Ende, drückte sie in einen halb leergegessenen Yoghurtbecher aus; er war wirklich

71

todmüde und schlief bald ein, obwohl das Wort Heidelberg in seinem Kopf rumorte.

Er frühstückte frugal: nur Brot und Milch, räumte auf, duschte und zog sich sorgfältig an; als er die Krawatte umband, dachte er an den Bundespräsidenten – oder war's der Bundeskanzler gewesen? Eine Viertelstunde vor der Zeit saß er auf der Bank vor Kronsorgelers Vorzimmer, neben ihm saß ein Dicker, der modisch und salopp gekleidet war; er kannte ihn von den Pädagogikvorlesungen her, seinen Namen wußte er nicht. Der Dicke flüsterte ihm zu: »Ich bin Kommunist, du auch?«
»Nein«, sagte er, »nein, wirklich nicht – nimm's mir nicht übel.« *politisch nicht sehr engagiert*
Der Dicke blieb nicht lange bei Kronsorgeler, machte, als er herauskam eine Geste, die wohl »aus« bedeuten sollte. Dann wurde er von der Sekretärin hineingebeten; sie war nett, nicht mehr ganz so jung, hatte ihn immer freundlich behandelt – es überraschte ihn, daß sie ihm einen aufmunternden Stubs gab, er hatte sie für zu spröde für so etwas gehalten. Kronsorgeler empfing ihn freundlich; er war nett, konservativ, aber nett; objektiv; nicht alt, höchstens Anfang vierzig. Radsportanhänger, hatte ihn sehr gefördert, und sie sprachen erst über die Tour de Suisse; ob Merckx geblufft habe, um bei der Tour de France unterschätzt zu werden, oder ob er wirklich abgesunken sei; Kronsorgeler meinte, Merckx habe geblufft; er nicht, er meinte, Merckx sei wohl wirklich fast am Ende, gewisse Erschöpfungsmerkmale könne man nicht bluffen. Dann über die Prüfung; daß sie lange überlegt hätten, ob sie ihm doch eine Eins geben könnten; es sei an der Philosophie gescheitert; aber sonst: die vorzügliche Arbeit an der VHS, am Abendgymnasium; keinerlei Teilnahme an Demonstrationen, nur gäbe es – Kronsorgeler lächelte wirklich liebenswürdig – einen einzigen, einen kleinen Fehler.
»Ja, ich weiß«, sagte er, »ich fahre zu oft nach Heidelberg.«
Kronsorgeler wurde fast rot, jedenfalls war seine Verlegenheit deutlich; er war ein zartfühlender, zurückhaltender Mensch, fast schüchtern, Direktheiten lagen ihm nicht.

*un-
vich-
tig
???*

72

»Woher wissen Sie?«

»Ich höre es von allen Seiten. Wohin ich auch komme, mit wem ich auch spreche. Mein Vater, Carola, deren Vater, ich höre nur immer: Heidelberg. Deutlich höre ich's, und ich frage mich: wenn ich die Zeitansage anrufe oder die Bahnhofs-Auskunft, ob ich nicht hören werde: Heidelberg.«

Einen Augenblick lang sah es so aus, als ob Kronsorgeler aufstehen und ihm beruhigend die Hände auf die Schulter legen würde, erhoben hatte er sie schon, senkte die Hände wieder, legte sie flach auf seinen Schreibtisch und sagte: »Ich kann Ihnen nicht sagen, wie peinlich mir das ist. Ich habe Ihren Weg, einen schweren Weg mit Sympathie verfolgt – aber es liegt da ein Bericht über diesen Chilenen vor, der nicht sehr günstig ist. Ich darf diesen Bericht nicht ignorieren, ich darf nicht. Ich habe nicht nur Vorschriften, auch Anweisungen, ich habe nicht nur Richtlinien, ich bekomme auch telefonische Ratschläge. Ihr Freund – ich nehme an, er ist ihr Freund?«

»Ja.«

»Sie haben jetzt einige Wochen lang viel freie Zeit. Was werden Sie tun?«

»Ich werde viel trainieren – wieder radfahren, und ich werde oft nach Heidelberg fahren.«

»Mit dem Rad?«

»Nein, mit dem Auto.«

Kronsorgeler seufzte. Es war offensichtlich, daß er litt, echt litt. Als er ihm die Hand gab, flüsterte er: »Fahren Sie nicht nach Heidelberg, mehr kann ich nicht sagen.« Dann lächelte er und sagte: »Denken Sie an Eddy Merckx.«

Schon als er die Tür hinter sich schloß und durchs Vorzimmer ging, dachte er an Alternativen: Übersetzer, Dolmetscher, Reiseleiter, Spanischkorrespondent bei einer Maklerfirma. Um Profi zu werden, war er zu alt, und Elektriker gab's inzwischen genug. Er hatte vergessen, sich von der Sekretärin zu verabschieden, ging noch einmal zurück und winkte ihr zu.

73

Jurek Becker: Der Verdächtige

Ich bitte, mir zu glauben, daß ich die Sicherheit des Staates für etwas halte, das wert ist, mit beinah aller Kraft geschützt zu werden. Hinter diesem Geständnis steckt nicht Liebedienerei und nicht die Hoffnung, ein bestimmtes Amt könnte mir daraufhin gewogener sein als heute. Es ist mir nur ein Bedürfnis, das auszusprechen, obschon man mich seit geraumer Zeit für einen hält, der die erwähnte Sicherheit gefährdet.
Daß ich in solchen Ruf gekommen bin, erschüttert mich und ist mir peinlich. Nach meiner Kenntnis habe ich nicht den kleinsten Anlaß gegeben, mich, wessen auch immer, zu verdächtigen. Seit meiner Kindheit bin ich ein überzeugter Bürger, zumindest strebe ich danach. Ich weiß nicht, wann und wo ich eine Ansicht geäußert haben könnte, die sich nicht mit der vom Staat geförderten und damit nicht mit meiner eigenen deckte; und sollte es mir unterlaufen sein, so wäre es nur auf einen Mangel an Konzentration zurückzuführen. Das Auge des Staates ist, hoffe ich, geübt und scharf genug, Gefährdungen als solche zu erkennen, wie über Kleinigkeiten hinwegzusehen, die alles andere als gefährdend sind. Und doch muß etwas um mich herum geschehen sein, das Grund genug war, ein Augenmerk auf mich zu richten. Vielleicht versteht mich jemand, wenn ich sage: Ich bin inzwischen froh, nicht zu wissen, was es war. Wahrscheinlich würde ich, wenn ich es wüßte, versuchen, den ungünstigen Eindruck zu verwischen und alles nur noch schlimmer machen. So aber kann ich mich unbeschwert bewegen, zumindest bin ich auf dem Weg dorthin.
Es wird inzwischen klargeworden sein, daß man mich observiert. Erheblich kompliziert wird meine Lage dadurch, daß ich solch ein Verfahren im Prinzip für nützlich, ja geradezu für unverzichtbar halte, in meinem Fall jedoch für sinnlos und, wenn ich offen sein darf, auch für kränkend.
Ein Mann namens Bogelin, den ich bis dahin der Regierung gegenüber für loyal gehalten hatte, sagte mir eines Tages, man beobachte mich. Natürlich brach ich den Umgang mit ihm

auf der Stelle ab. Ich glaubte ihm kein Wort, ich dachte: Ich und beobachtet! Fast hatte ich die Sache längst vergessen, als mich ein außerordentlicher Brief erreichte. Er schien zunächst von einem Bekannten aus dem Nachbarland zu kommen, mit dem ich in der Schulzeit gut befreundet war. Es war ein Umschlag von der Art, wie er sie seit Jahren benutzte, darauf waren seine Schrift und hinten sein gedruckter Name. Doch nahm ich einen Brief aus dem Kuvert heraus, der nichts mit ihm und nichts mit mir zu tun hatte: er war an einen Oswald Schulte gerichtet und von einer Frau Trude Danzig unterschrieben, zwei Menschen, von deren Existenz ich bis zu jenem Augenblick nichts gewußt hatte. Sofort fiel mir Bogelins Hinweis wieder ein: es mußten im Amt für Überwachung die Briefe nach der Kontrolle verwechselt worden sein. Es läßt sich auch anders sagen: Ich hatte nun den schlüssigen Beweis, daß man mich observierte.

Jeder weiß, daß man in Augenblicken der Bestürzung zu Kopflosigkeit neigt, nicht anders ging es mir. Ich nahm, kaum hatte ich den Brief gelesen, das Telefonbuch, fand Oswald Schultes Nummer und rief ihn an. Nachdem er sich gemeldet hatte, fragte ich, ob er Trude Danzig kenne. Es war eine ganz und gar überflüssige Frage nach dem Brief, doch ich in meiner Panik stellte sie. Herr Schulte sagte, ja, Frau Danzig sei ihm gut bekannt, und er fragte, ob ich eine Nachricht von ihr hätte. Ich war schon drauf und dran, ihm zu erklären, was uns so eigenartig zusammenführte, als ich mit einem Schlag begriff, wie unwahrscheinlich dumm ich mich verhielt. Ich legte auf und saß verzweifelt da; ich sagte mir, nur eben viel zu spät, daß man wohl auch die Telefone derer überwacht, in deren Briefe man hineinsieht. Für das Amt befand sich nun der eine Überwachte zum anderen in Beziehung. Zu allem Unglück hatte ich auch noch das Gespräch abgebrochen, bevor von den vertauschten Briefen die Rede gewesen war. Gewiß, ich hätte Oswald Schulte ein zweitesmal anrufen und ihm die Sache auseinandersetzen können; in den Ohren von Mithörenden hätte es wie der Versuch geklungen, meinen Kopf aus der Schlinge zu ziehen, dazu auf eine Art und

Weise, die man mir leicht als Verleumdung des Amtes hätte auslegen können. Und abgesehen davon war es mir auch zuwider, diesem Herrn Schulte, den man ja wohl nicht grundlos überwachte, etwas zu erklären.

Lange hielt ich still, um nicht noch einmal voreilig zu sein, dann faßte ich einen Plan. Ich sagte mir, daß sich ein falscher Ausgangspunkt eine eigene Logik schaffe, daß plötzlich eine Folgerichtigkeit entstehe, die dem sich Irrenden zwingend vorkomme. Der Verdacht, unter dem ich stand, war solch ein falscher Ausgangspunkt, und jede meiner üblichen Handlungen, zu anderer Zeit harmlos und ohne Bedeutung für das Amt, konnte ihn bestätigen und immer wieder untermauern. Ich mußte also, wollte ich den Verdacht entkräften, nur lange genug nichts tun und nichts mehr sagen, dann würde er mangels Nahrung aufgegeben werden müssen. Diese Prüfung traute ich mir zu als jemand, der lieber hört als spricht und lieber steht als geht. Ich sagte mir zum Schluß, ich sollte mit meiner Rettung nicht lange warten, sie dulde keinen Aufschub, wenn es mir ernst sei mit mir selbst.

Das Erste war, ich trennte mich von meiner Freundin, die in den Augen des Amtes für Überwachung womöglich eine schlechte Freundin für mich war. Kurz ging mir durch den Sinn, sie könnte mit zum Überwachungspersonal gehören, sie hatte unverhüllten Einblick in alle meine Dinge; doch fand ich dafür keinen Anhaltspunkt, und ich verließ sie ohne solchen Argwohn. Ich will nicht behaupten, die Trennung habe mir nichts ausgemacht, ein Unglück aber war sie nicht. Ich nahm den erstbesten Vorwand und bauschte ihn ein wenig auf, zwei Tage später befand sich in meiner Wohnung nichts mehr, was ihr gehörte. Am ersten Abend nach der Trennung war ich einsam, die ersten beiden Nächte träumte ich nicht gut, dann war der Abschiedsschmerz überwunden.

In dem Büro, in dem ich angestellt bin, täuschte ich eine Stimmbandsache vor, die mir beim Sprechen, das behauptete ich ein paarmal krächzend, Schmerzen bereite. So fiel es keinem auf, daß ich zu schweigen anfing. Die Gespräche der

Kollegen machten einen Bogen um mich herum, der bald so selbstverständlich wurde, daß ich die Stimmbandsache nicht mehr brauchte. Es freute mich zu sehen, daß ich mit der Zeit kaum noch wahrgenommen wurde. Zur Mittagspause ging ich nicht mehr in die Kantine, ich brachte mir belegte Brote und zu trinken mit und blieb an meinem Schreibtisch sitzen. Ich gab mir Mühe, ständig auszusehen wie jemand, der gerade nachdenkt und nicht dabei gestört zu werden wünscht. Ich überlegte auch, ob ich mich von einem guten Angestellten in einen nachlässigen verwandeln sollte. Ich meinte aber, daß gewissenhafte Arbeit, wie sie mir immer selbstverständlich war, unmöglich zu der Verdächtigung hatte führen können; daß eher Schlamperei ein Grund sein könnte, den Blick nicht von mir wegzunehmen. So blieb als einzige von meinen Gewohnheiten unverändert, daß ich die Arbeit pünktlich und genau erledigte.

Ich hörte einmal, auf der Toilette, wie zwei Kollegen sich über mich unterhielten. Es war wie ein letztes Aufflackern von Interesse an meinen Angelegenheiten. Der eine sagte, er glaube, ich müsse wohl Sorgen haben, ich hätte meine alte Munterkeit verloren. Der andere erwiderte: Das gibt es, daß einem dann und wann die Lust auf Geselligkeit vergeht. Der eine sagte, man sollte sich vielleicht ein wenig um mich kümmern, vielleicht sei ich in einer Lebensphase, in der ich Zuspruch brauche. Der andere beendete das Gespräch mit der Frage: Was geht es uns an? – wofür ich ihm von Herzen dankbar war.

Ich war auch schon entschlossen, mein Telefon abzumelden und tat es doch nicht: es hätte den Eindruck erwecken können, als wollte ich eine Überwachungsmöglichkeit beseitigen. Allerdings benutzte ich den Apparat nicht mehr. Ich hatte keinen anzurufen, und wenn es klingelte, ließ ich den Hörer liegen. Nach wenigen Wochen rief niemand mehr an bei mir, ich hatte elegant das Telefonproblem gelöst. Kurz fragte ich mich, ob es nicht verdächtig sei, als Telefonbesitzer niemals zu telefonieren. Ich antwortete mir, ich müsse mich

77

entscheiden zwischen einem Teil und seinem Gegenteil; ich könne nicht alles beides für gleich verdächtig halten, ansonsten bliebe mir ja nur, verrückt zu werden.

Ich änderte mein Verhalten überall dort, wo ich Gewohnheiten entdeckte, zu diesem Zweck studierte ich mich mit viel Geduld. Manche der Änderungen schienen mir übertrieben, bei manchen fühlte ich mich albern; ich nahm sie trotzdem vor, weil ich mir sagte: Was weiß man denn, wie ein Verdacht entsteht? Ich kaufte einen grauen Anzug, obwohl ich kräftige und bunte Farben mag. Meine Überzeugung war, daß es jetzt am allerwenigsten darauf ankam, was mir gefiel. Wenn es nicht lebenswichtig war, verließ ich meine Wohnung nicht mehr. Die Miete zahlte ich nicht mehr im voraus und nicht mehr bar dem Hausbesitzer in die Hand, sondern per Postanweisung. Eine Mahnung, wie ich sie nie zuvor erhalten hatte, kam mir recht. Zur Arbeit fuhr ich manchmal mit der Bahn, manchmal ging ich den weiten Weg zu Fuß. An einem Morgen sprach mich ein Schulkind an und fragte nach der Zeit. Ich hielt ihm die Uhr hin, vom nächsten Tag an ließ ich sie zu Hause. Bis zur Erschöpfung dachte ich darüber nach, was Angewohnheit in meinem Verhalten war, was Zufall. Oft konnte ich die Frage nicht entscheiden, in solchen Fällen entschied ich für die Angewohnheit.

Es wäre falsch zu glauben, daß ich mich in meiner Wohnung unbeobachtet fühlte. Auch hierbei dachte ich: Was weiß man denn? Ich schaffte alle Bücher und Journale fort, deren Besitz ein schiefes Licht auf den Besitzer werfen konnte. Ich war mir anfangs sicher, daß sich solche Schriften nicht bei mir befanden, dann war ich aber überrascht, was alles sich eingeschlichen hatte. Das Radio und den Fernsehapparat schaltete ich mitunter ein, natürlich nur zu Sendungen, die ich mir früher niemals angehört und angesehen hatte. Wie man sich denken kann, gefielen sie mir nicht, und damit war auch dies Problem gelöst.

Während der ersten Wochen stand ich oft hinter der Gardine, stundenlang, und sah dem wenigen zu, das draußen vor sich ging. Bald aber kamen mir Bedenken, weil jemand, der stundenlang am Fenster steht, am Ende noch für einen Beobachter gehalten wird oder für einen, der auf ein Zeichen wartet. Ich ließ die Jalousie herunter und nahm in Kauf, daß man nun auf den Gedanken kommen konnte, ich wollte etwas oder mich verbergen.

Das Leben in der Wohnung spielte sich bei Lampenlicht ab, ich brauchte aber kaum noch Licht. Wenn ich nach Hause kam aus dem Büro, aß ich ein wenig, dann legte ich mich hin und dachte nach, wenn ich bei Laune war. Wenn nicht, dann döste ich vor mich hin und kam in einen angenehm sanften Zustand, der kaum von Schlaf zu unterscheiden war. Dann schlief ich wirklich, bis mich am Morgen der Wecker weckte, und so weiter. Ich ärgerte mich in jenen Tagen manchmal über meine Träume. Sie waren eigenartig wild und wirr und hatten nichts mit meinem wahren Leben zu tun. Ich schämte mich dafür ein wenig vor mir selbst und dachte, es sei ganz gut, daß man mich nicht auch dort beobachten konnte. Dann aber dachte ich: Was weiß man denn? Ich dachte: Wie schnell entfährt dem Schlafenden ein Wort, das dem Beobachter vielleicht zur Offenbarung wird. Ich hätte es in meiner Lage für leichtsinnig gehalten, mich darauf verlassen zu wollen, daß man mich nicht für meine Träume verantwortlich machte, sofern man sie erfuhr. Also versuchte ich, von ihnen loszukommen, was mir erstaunlich leicht gelang. Ich kann nicht sagen, wie der Erfolg zustandekam; die Stille und Ereignislosigkeit meiner Tage halfen mir sicherlich genauso wie der feste Vorsatz, das Träumen loszuwerden. Jedenfalls glich mein Schlaf bald einem Tod, und wenn das Klingeln mich am Morgen weckte, dann kam ich aus einem schwarzen Loch herauf ins Leben.

Es ließ sich hin und wieder nicht vermeiden, daß ich mit jemandem ein paar Worte wechseln mußte, beim Einkauf oder im Büro. Mir selber kamen diese Worte überflüssig vor, doch mußte ich sie sagen, um nicht beleidigend zu wirken. Ich verhielt mich nach besten Kräften so, daß mir keine Fragen gestellt zu werden brauchten. Wenn ich trotzdem gezwungen war zu sprechen, dann dröhnten mir die eigenen

Worte in den Ohren, und meine Zunge sperrte und sträubte sich gegen den Mißbrauch.

Bald hatte ich es mir auch abgewöhnt, die Leute anzusehen. Es blieb mir mancher unschöne Anblick erspart, ich konzentrierte mich auf Dinge, die wirklich wichtig waren. Man weiß, wie leicht ein gerader Blick in anderer Leute Augen mit einer Aufforderung zum Gespräch verwechselt wird, das war bei mir nun ausgeschlossen. Ich achtete auf meinen Weg, ich achtete darauf, was ich zu greifen oder abzuwehren hatte, zu Hause brauchte ich die Augen kaum. Es kam mir vor, als bewegte ich mich sicherer jetzt, ich stolperte und vergriff mich kaum mehr. Nach dieser Erfahrung wage ich zu behaupten, daß ein gesenkter Blick der natürliche ist. Was nützt es, frage ich, wenn einer stolz seinen Blick erhoben hat, und ständiges Versehen die Folge ist? Es blieb mir auch erspart zu sehen, wie andere mich ansahen, ob freundlich, tückisch, anteilnehmend oder mit Verachtung, ich brauchte mich danach nicht mehr zu richten. Ich wußte kaum noch, mit wem ich es zu tun hatte, das trug nicht wenig zu meinem inneren Frieden bei.

So verging ein Jahr. Ich hatte mir für diese Lebensweise keine Frist gesetzt, doch nun, nach dieser ziemlich langen Zeit, regte sich in mir der Wunsch, es möge bald genug sein. Ich spürte, daß ich wie vor einer Weiche stand: daß mir die Fähigkeit, wie früher in den Tag zu leben, Stück um Stück verlorenging. Wenn ich das wollte, sagte ich zu mir, dann bitte, dann könnte ich in Zukunft so weiterexistieren; wenn nicht, dann müßte jetzt ein Ende damit sein. Dabei kam mir die Sehnsucht, die ich auf einmal nach der alten Zeit empfand, ganz kindisch und auch unlogisch vor, und trotzdem war sie kräftig da. Ich hielt es für wahrscheinlich, daß der Verdacht, der über mich gekommen war, sich in dem Amt für Überwachung inzwischen verflüchtigt hatte, es gab ja keine vernünftige andere Möglichkeit.

An einem Montagabend beschloß ich auszugehen. Ich stand in meiner dunklen Stube und hatte weder Lust zu schlafen noch zu dösen. Ich zog die Jalousie hoch, nicht nur einen

Spalt breit, sondern bis zum Anschlag, dann machte ich das Licht an. Dann nahm ich aus einer Schublade Geld – ich will erwähnen, daß ich auf einmal reichlich Geld besaß, weil ich das Jahr hindurch normal verdient, jedoch sehr wenig ausgegeben hatte. Ich steckte mir also Geld in die Tasche und wußte noch nicht recht wofür. Ich dachte: Ein Bier zu trinken wäre vielleicht nicht schlecht.

Als ich auf die Straße trat, klopfte mein Herz wie lange nicht mehr. Ohne festes Ziel fing ich zu gehen an, mein altes Stammlokal gab es inzwischen nicht mehr, das wußte ich. Die erste Kneipe, die mir verlockend vorkam, wollte ich betreten; ich dachte, wahrscheinlich würde es die allererste sein, die auf dem Weg lag. Ich nahm mir aber vor, nicht gleich am ersten Abend zu übertreiben: ein Bier zu trinken, ein paar Leute anzusehen, ihnen ein wenig zuzuhören, das sollte mir genügen. Selbst zu sprechen, das wäre mir verfrüht erschienen, in Zukunft würde es Gelegenheiten dafür geben, noch und noch. Doch als ich vor der ersten Kneipe ankam, brachte ich es nicht fertig, die Tür zu öffnen. Ich kam mir kindisch vor und mußte dennoch weitergehen, ich fürchtete auf einmal, alle Gäste würden ihre Augen auf mich richten, sobald ich in der Türe stand. Nach ein paar Schritten versprach ich mir fest, vor der nächsten Kneipe nicht noch einmal einer so törichten Angst nachzugeben. Aus purem Zufall drehte ich mich um und sah einen Mann, der mir folgte.

Daß er mir folgte, konnte ich im ersten Augenblick natürlich nur vermuten. Nach wenigen Minuten aber hatte ich Gewißheit, weil ich die dümmsten Umwege machte, ohne ihn loszuwerden. Er blieb in immer gleichem Abstand hinter mir, sogar als ich ein wenig rannte; es kam mir vor, als interessierte er sich nicht dafür, ob ich ihn bemerkte oder nicht. Ich will nicht behaupten, ich hätte mich bedroht gefühlt, und trotzdem packte mich Entsetzen. Ich dachte: Nichts ist zu Ende nach dem Jahr! Man hält mich nach wie vor für einen Sicherheitsgefährder, wie mache ich das bloß? Dann dachte ich, das Allerschlimmste aber sei ja doch, daß es auf mein Verhalten offenbar gar nicht ankam. Der Verdacht führte ein Eigen-

leben; er hatte zwar mit mir zu tun, ich aber nichts mit ihm.
Das dachte ich, während ich vor dem Mann herging.
Als ich zu Hause ankam, ließ ich die Jalousie wieder herunter.
Ich legte mich ins Bett, um über meine Zukunft nachzudenken; ich spürte schon die Entschlossenheit, nicht noch ein
zweites Jahr so hinzuleben. Ich sagte mir, gewiß lasse sich die
Sicherheit des Staates nur dann aufrechterhalten, wenn die
Beschützer es an manchen Stellen mit der Vorsicht übertrieben; nichts anderes sei in meinem Fall geschehen und
geschehe immer noch. Schließlich tat es ja nicht weh, beobachtet zu werden. Das letzte Jahr war mir nicht aufgezwun-
gen worden, dachte ich, ich brauchte nicht nach Schuldigen
zu suchen: ich hatte es mir selbst verordnet.
Dann schlief ich voll Ungeduld ein. Ich wachte vor dem Wek-
kerklingeln auf und konnte es kaum erwarten, dem ersten
Menschen, der mich grüßte, in die Augen zu sehen und
»Guten Tag« zu antworten, egal, was daraus werden würde.

IV. Didaktische Überlegungen

1. Zur Didaktik der Kurzgeschichte

Die Kurzgeschichte als moderne Erzählform hat schon seit den 60er Jahren ihren festen Platz im Literaturunterricht. Die Textauswahl der Lesebücher und zahlreiche Kurzgeschichtensammlungen für den Unterricht belegen diese Tatsache. Für die meisten Schüler ist daher die Kurzgeschichte geradezu zum Inbegriff moderner Literatur geworden.

Daß die Kurzgeschichte diese literaturdidaktische Bedeutung erlangen konnte, hat mit ihrer besonderen Eignung für den Literaturunterricht zu tun:

a) Kurzgeschichten sind in sich geschlossene, kurze Texte, die sich gut in einer oder zwei Schulstunden bearbeiten lassen. Sie setzen keine häusliche Lektüre voraus, sondern können ohne Vorbereitung im Unterricht selbst gelesen werden. Sie sind auf Grund ihrer Kürze leicht überschaubar und eignen sich deswegen gut zur konkreten Arbeit am Text.

b) Die Inhalte der Kurzgeschichten besitzen große Realitätsnähe, ja Aktualität. Dadurch ergibt sich zwischen den Kurzgeschichten und der Wirklichkeit ihrer Leser kaum eine Differenz. Dieses Argument muß freilich für die Kurzgeschichten der unmittelbaren Nachkriegszeit und der 50er Jahre heute relativiert werden.

c) Die Sprache sowie die Darstellungs- und Erzählweisen der Kurzgeschichten korrespondieren mit ihren realistischen Inhalten. Auch sie führen zur Verkürzung einer literarischen Distanz und erleichtern die Auseinandersetzung mit ihren Inhalten.

d) Die Neigung zur Komprimierung, zur Andeutung, Symbolhaftigkeit und Metaphorik ermöglicht den Schülern eine unmittelbare Erfahrung literarischer Ausdrucksmöglichkeiten, ja dessen, was Literatur überhaupt ist.

e) Auf Grund ihrer Offenheit, besser: ihrer Problemoffenheit, liefern Kurzgeschichten keine fertigen Antworten, sondern fordern den Leser zu einer selbständigen Auseinandersetzung heraus. Er muß seine Erfahrungen und Gefühle in den Deutungsprozeß mit einbringen; dadurch erfährt er eine Erweiterung und Vertiefung seines Realitäts- und Selbstverständnisses.

f) Problemoffenheit, Komprimierung, Symbolhaftigkeit und Metaphorik bedeuten für die Schüler aber auch Verschlüsselung und Rezeptionswiderstand, der durch Arbeit am Text und Reflexion überwunden werden muß. Ein vordergründiges Verstehen reicht nicht aus. Freilich gibt es auf den einzelnen Altersstufen verschiedene Wege der Annäherung und eine unterschiedlich intensive Auseinandersetzung mit den Kurzgeschichten. Insofern kommt die Kurzgeschichte als Gattung dem jeweiligen Entwicklungsstand der Schüler entgegen und ermöglicht verschiedene Formen der Differenzierung.

g) Besondere Verstehensschwierigkeiten ergeben sich für die Schüler von heute bei Kurzgeschichten aus der unmittelbaren Nachkriegszeit und den 50er Jahren sowie bei Kurzgeschichten aus der DDR. Auf Grund des zeitlichen Abstands bzw. des anderen Gesellschaftssystems wird das Argument von der Realitätsnähe und Aktualität der Kurzgeschichte relativiert. Im Umgang mit diesen Kurzgeschichten im Unterricht brauchen die Schüler deswegen zum angemessenen Verständnis zusätzliche Informationen und Hilfen.

2. Zum Aufbau der Textsammlung

Die vorliegende Textsammlung für das 11.–13. Schuljahr wurde, wie die drei vorhergehenden, thematisch angelegt, um den Schülern den Zugang zu den einzelnen Kurzgeschichten zu erleichtern.

Die Themenschwerpunkte ergaben sich aus den Interessen und Problemen der Schüler und den Themen der Kurzgeschichten. Zudem wurde eine Wiederaufnahme einzelner Themen aus den vorhergehenden Bänden bewußt angestrebt, um so eine Fortführung und gedankliche Vertiefung zu ermöglichen. Innerhalb der einzelnen Gruppen wurden die Texte nach Schwierigkeitsgrad angeordnet. Mehrfach steht am Beginn ein Text, in dem der Protagonist ein Jugendlicher ist.

Die Textsammlung setzt, wie schon die Sammlungen zuvor, beim »Ich« an (»Nachdenken über sich selbst«) und geht zu zwischenmenschlichen Beziehungen (»Beziehungsprobleme«) über. Hieran knüpft das Leitthema »Last des Alltags« an, das die Belastung der Menschen in Familie und Beruf aufzeigt. Um existentielle Fragen geht es im Kapitel »Schuld und Verantwortung«. Die beiden Texte beschreiben anschaulich, wie Menschen sich hiermit auseinandersetzen. Das Leitthema der letzten Textgruppe (»Verdächtig«) zeigt, daß Autoren die Kurzgeschichte auch dazu benutzen, um gesellschaftspolitische Fragen anzusprechen: Es geht um das aktuelle Problem der Verdächtigung, Überwachung und Kontrolle einzelner Bürger durch den Staat und seine Organe. Verunsicherung, Ohnmacht und Anpassung sind deren schlimme Folgen.

3. Zu den einzelnen Texten

Das Thema »Nachdenken über sich selbst« führt in diese Kurzgeschichtensammlung ein. Kurt Marti und Angelika Mechtel beschreiben in ihren Texten, wie sich ein Jugendlicher bzw. eine erwachsene Frau Gedanken über sich und ihr bisheriges Leben machen: für beide ein Moment des Innehaltens und ein Anstoß zu einer Neuorientierung. Der Schüler Raymond in Kurt Martis Kurzgeschichte steht kurz vor dem Abitur. In Form erlebter Rede erfährt der Leser seine Gedanken, Fragen und Empfindungen, die assoziativ um seine gegenwärtige Schulsituation, seine bevorstehende Berufswahl, seine Eltern und Bekannten, um seine Beziehungen zu Freunden und Freundinnen kreisen. Die Sprachspielereien machen den Text unterhaltsam, unterstreichen das Assoziative der Gedankengänge, sind Ausdruck von Freude und Lebenslust. Sehr viel ernster, konkreter und systematischer verläuft das Nachdenken von Katrin, der Ich-Erzählerin in Angelika Mechtels Geschichte. Als Ehefrau und Mutter unterzieht sie ihr bisheriges Leben einer schonungslosen Bilanz, die deutlich macht, wie stark sie sich in ihrer Ehe immer wieder selbst verleugnet, angepaßt und untergeordnet hat. Was sind die Konsequenzen? Vielleicht gelingt ihrer Tochter einmal die Überwindung dieser traditionellen Frauenrolle, weil sie anders ist. Ein Stück Hoffnung?

Die Beziehungsproblematik ist zentrales Thema der beiden folgenden Kurzgeschichten. Der kleine Junge in der Geschichte *Neun*, die von dem DDR-Autor Klaus Schlesinger stammt, zerbricht an der Verständnislosigkeit und mangelnden Sensibilität seiner engsten Angehörigen. Die Scheidung seiner Eltern und die neue Beziehung seiner Mutter zu einem anderen Mann haben ihn gänzlich entwurzelt. Sein neunter Geburtstag, der ihm den vom Vater einst versprochenen und heißersehnten Rundflug bescheren soll, endet in Verzweiflung und Freitod, weil die Erwachsenen nicht begreifen, was in der kindlichen Seele vorgeht und wie stark ihn die Umstände psychisch verstört haben.

Die Kurzgeschichte von Gabriele Wohmann erzählt von Beziehungsproblemen einer Frau. Aus der Unerträglichkeit ihres Familienlebens flüchtet sich die Ich-Erzählerin in einen Tagtraum: Sie malt sich einen Urlaub aus, der frei ist von den alltäglichen Konflikten und zwischenmenschlichen Belastungen. Erholsam und voller Harmonie verlaufen in ihrer Phantasie die Tage an der Seite eines »Traum«-Mannes – fern der unerträglichen Realität. Am Ende der Kurzgeschichte wird sie aus ihrem Traum gerissen, er zerplatzt wie eine Seifenblase. Und erst hier wird dem Leser bewußt, daß die Ich-Erzählerin ein Spiel mit der Wirklichkeit getrieben hat, mit einer Wirklichkeit, der sie letztlich nicht entfliehen kann.

Die Kurzgeschichte von Gabriele Wohmann bietet auf Grund ihrer Problemdarstellung einen direkten Zugang zum folgenden Thema »Last des Alltags«.

In den beiden hier zusammengestellten Texten werden die belastenden Situationen am Arbeitsplatz und im tagtäglichen

Zusammenleben beispielhaft aufgezeigt. Gegen das Verhalten seines Vorgesetzten, der seine Arbeiter in einer Zeit wirtschaftlicher Rezession und der Angst um ihren Arbeitsplatz widerspruchslos schikaniert, begehrt der Arbeiter Grabner in Josef Redings Kurzgeschichte auf und stellt sich schützend vor einen Arbeitskollegen. Er kann sich dieses Verhalten leisten, da er gerade im Lotto gewonnen hat und daher wirtschaftlich unabhängig ist. Die anderen Arbeiter sind aber täglich neben den körperlichen auch diesen psychischen Belastungen ausgesetzt, ohne sich wehren zu können. Eine Änderung jener entwürdigenden Bedingungen durch solidarisches Verhalten aber lassen die Umstände nicht zu.

Noch schwieriger ist die Situation der wegen eines Manteldiebstahls angeklagten Frau in der Kurzgeschichte des DDR-Autors Rolf Schneider. Ihr geben die Lebensumstände einfach keine Chance, mit ihren familiären und beruflichen Belastungen fertig zu werden. Die Gerichtsreporterin, die sie während des Prozesses beobachtet und die sich mit ihr innerlich auseinandersetzt, wird sich am Ende dieser fatalen Situation bewußt; sie erkennt, wie sehr sich die Angeklagte unter der Last des Alltags schon verändert hat, und sie weiß, daß der Prozeß psychischer Zerstörung unaufhaltsam fortschreiten wird.

Menschliches Zusammenleben, das wurde in verschiedenen vorausgegangenen Texten schon deutlich, verläuft nicht problemlos. Die folgenden Texte setzen sich konkret mit diesem Thema auseinander. In seiner Verantwortung für den Mitmenschen wird der einzelne immer wieder an seine Grenzen stoßen und aus mangelnder Sensibilität, aus Unkenntnis oder auf Grund eigener Belastungen die Probleme des anderen nicht erkennen oder aus falscher Zurückhaltung nicht auf sie reagieren. In Siegfried Lenz' Kurzgeschichte *Tote Briefe* wird die Verantwortung für den Mitmenschen von allen Personen glücklich wahrgenommen: Die Postbeamten machen in selbstloser Weise die Adressatin eines Briefes ausfindig; Lena, an die er gerichtet ist, schreibt nach innerer Überwindung den Antwortbrief, um den der in seiner Heimat zum

Tode verurteilte Josua bittet; Josua wiederum hatte Lena in der Zeit ihrer Drogenabhängigkeit selbstlos zur Seite gestanden; Lenas Schwester schließlich wendet alle ihre Überredungskünste auf, um Lena zum Schreiben des Antwortbriefes zu veranlassen. Am Ende steht die Hoffnung des Lesers, daß dieser auch seinen Adressaten erreichen wird.

In der Kurzgeschichte *Erlenholz* von Ingeborg Drewitz wird dem Ich-Erzähler erst zu spät, nämlich nach dem Selbstmord seines Vaters, bewußt, daß sein eigenes Leben ausschließlich von seinem Streben nach beruflichem Erfolg bestimmt war und daß er deswegen für seinen vom Schicksal hart geprüften Vater zu wenig Verständnis und Liebe aufgebracht hat. Es hat lange gedauert, um zu der Erkenntnis seines Versäumnisses und zum Eingeständnis seiner Schuld zu kommen.

Die beiden Texte des letzten Kapitels beschäftigen sich mit dem Problem staatlicher Verdächtigung und Überwachung, das in beiden deutschen Staaten aktuell war und z. T. noch ist. Die Hilfsbereitschaft für ein nach dem Umsturz Allendes aus Chile geflohenes Ehepaar wird dem Protagonisten in Heinrich Bölls Kurzgeschichte *Du fährst zu oft nach Heidelberg* zum Verhängnis. Nach einer Elektrikerlehre und zweitem Bildungsweg steht ihm durch ein glänzendes Examen der Weg in die gutbürgerliche Gesellschaft offen. Seine Einheirat in eine wohlsituierte Familie ist so gut wie beschlossen. Aber in einem Klima der Verunsicherung, des Terrorismus, der Angst vor einer Unterwanderung »von links« und des Radikalenerlasses, wie es in den 70er Jahren in der Bundesrepublik herrschte, gerät der Student auf Grund äußerer Indizien (seiner Hilfe für das chilenische Ehepaar, das zudem noch in Heidelberg lebt, einem Zentrum der Studentenunruhen) in den Verdacht der politischen Unzuverlässigkeit. Berufsverbot ist die Folge. Die Verdächtigung der Behörden führt zugleich zu einer Verunsicherung aller Bezugspersonen des Studenten und zu ängstlicher Distanz. Die Überwachungspraxis staatlicher Organe und die daraus resultierende Verunsicherung des Überwachten thematisiert die Kurzgeschichte *Der Verdächtige* von Jurek Becker, der bis 1977 in der DDR

lebte. Der bisher staatstreue und staatsbejahende Ich-Erzähler wird durch die behördliche Observation derart in Panik
versetzt, daß er sein Leben völlig verändert, um sich so von
allen Verdachtsmomenten zu befreien. Aber alles, was er
auch unternimmt, macht ihn bei näherer Überlegung in den
Augen der Behörden nur noch verdächtiger. Nach einem Jahr
schwerster Depressionen beschließt er, aus diesem Teufels-
kreis auszubrechen und sein Leben wieder zu normalisieren.
Es bleibt am Schluß die Frage offen, ob ihm das gelingen
wird.
Beide Kurzgeschichten zeigen, wie rasch sich in einem Staat
das politische Klima so verändern kann, daß Unsicherheit
und Angst um sich greifen und das friedliche Zusammenleben
der Menschen zerstört wird. Beide Autoren warnen und kla-
gen an.

4. Thematische Alternativen

Die Kurzgeschichten dieser Textsammlung können auch
zu anderen Sequenzen zusammengestellt werden. Dadurch
ergeben sich neue Fragestellungen und andere Akzente.
Beispielsweise ließen sich unter dem Thema »Probleme der
Frauen in unserer Gesellschaft« die folgenden Texte behan-
deln:
Angelika Mechtel: *Katrin*
Gabriele Wohmann: *Schöne Ferien*
Rolf Schneider: *Einen Schnaps trinken*

Zum Thema »Mitmenschlichkeit« passen die Texte von
Josef Reding: *Zum Runterschlucken für Grabner*
Siegfried Lenz: *Tote Briefe*

Zum Thema »Verzweiflung« lassen sich folgende Texte zu-
sammenstellen:
Klaus Schlesinger: *Neun*
Gabriele Wohmann: *Schöne Ferien*
Jurek Becker: *Der Verdächtige*

»Probleme von Kindern und Jugendlichen« kommen zur Sprache in den Texten:
Kurt Marti: *Charlie Mingus ist tot*
Klaus Schlesinger: *Neun*
Heinrich Böll: *Du fährst zu oft nach Heidelberg*

V. Autoren- und Quellenverzeichnis

Jurek Becker

Geb. 1937 in Lodz (Polen). Erlebte seine Kindheit in Ghetto und KZ, lernte erst Deutsch, als er 1945 mit seinem Vater nach Berlin kam. Nach dem Abitur studierte er Philosophie. Von 1960 bis 1977 lebte er als freier Schriftsteller in Ost-Berlin. War bis 1976 SED-Mitglied, Ausschluß aus der Partei wegen seines Protests gegen die Ausbürgerung Wolf Biermanns, trat 1977 aus dem Schriftstellerverband der DDR aus und lebt seit Ende 1977 mit Genehmigung der DDR-Behörden in West-Berlin. Schreibt Romane, Erzählungen, Filmdrehbücher, Fernsehspiele (»Liebling Kreuzberg«) und Kabarettexte. Sein bekanntester Roman »Jakob der Lügner« setzt sich mit der Situation der Menschen im Ghetto auseinander. – *Der Verdächtige.* Aus: J. B., Nach der ersten Zukunft. Erzählungen. Frankfurt a. M.: Suhrkamp 1980. S. 259–269.

Heinrich Böll

Geb. 1917 in Köln. Nach Abitur Buchhändlerlehre und erste schriftstellerische Versuche, Reichsarbeitsdienst, Studium (Germanistik, Altphilologie), Soldat. Nach der Entlassung 1945 wieder in Köln: Wiederaufnahme des Studiums, schreibt Kurzgeschichten (1947) und einen ersten Roman, seit 1951 freier Schriftsteller. Längere Aufenthalte in Irland, Reisen in die Sowjetunion und in die USA, Präsident des PEN-Zentrums der Bundesrepublik und ab 1971 des internationalen PEN. 1972 Nobelpreis für Literatur. Böll gilt als einer der bedeutendsten deutschen Gegenwartsautoren. Er schrieb neben Erzählungen und Kurzgeschichten vor allem Romane und politische Essays, engagierte sich aktiv in der Friedensbewegung und äußerte sich immer wieder zu tagespolitischen Fragen. Böll starb 1985 in Langenbroich. – *Du fährst zu oft nach Heidelberg.* Aus: H. B., Werke. Romane und Erzählungen. Hrsg. von Bernd Balzer. Bd. 5 (1971–1977). Köln: Kiepenheuer & Witsch 1977. S. 523–529. © 1979 René Böll.

Ingeborg Drewitz

Geb. 1923 in Berlin. Studium der Literaturgeschichte und Philosophie in Berlin, Mitbegründerin des Verbandes deutscher Schriftsteller (VS), seit 1964 Mitglied des PEN-Zentrums in der Bundesrepublik, intensive Verbandsarbeit in Schriftstellerorganisationen. 1982 Vortragsreise in Indien, 1983 Vorlesungen an der University of Texas (USA). Schrieb vor allem Erzählungen und Romane, literaturwissenschaftliche Untersuchungen und Feuilletons. Starb 1986 in Berlin. – *Erlenholz*. Aus: I. D., Der eine, der andere. Erzählungen. Stuttgart: Gebühr 1976. S. 43–49.

Siegfried Lenz

Geb. 1926 in Lyck (Masuren) und dort aufgewachsen. 1945 noch zur Marine eingezogen. Studierte nach dem Krieg Philosophie, Anglistik, Literatur in Hamburg. Arbeitete als Feuilletonredakteur und Rundfunkmitarbeiter. Seit 1951 lebt er als freier Schriftsteller in Hamburg und auf der dänischen Insel Alsen. Schreibt vor allem Erzählungen und Romane, die meist in Masuren, die jüngeren auch an der deutschen bzw. dänischen Küste spielen. Berühmt wurden seine Suleyker Geschichten und sein Roman »Deutschstunde«. – *Tote Briefe*. Aus: S. L., Das serbische Mädchen. Erzählungen. Hamburg: Hoffmann und Campe 1987. S. 69–82.

Kurt Marti

Geb. 1921 in Bern. Nach der Matura zwei Semester Jurastudium, dann Studium der Theologie in Bern und Basel. Im Auftrag der ökumenischen Kirche ein Jahr in Paris, dann Pfarrer in Leimiswil, Niederlenz und von 1961 bis 1983 an der Nydeggkirche in Bern. Schreibt vor allem Gedichte und Erzählungen und ist publizistisch tätig. – *Charlie Mingus ist tot*. Aus: K. M., Bürgerliche Geschichten. Darmstadt u. Neuwied: Luchterhand 1981. S. 55–63.

Angelika Mechtel (eig. Angelika Eilers)

Geb. 1943 in Dresden, 1962 Abitur, verschiedene Berufe, lebt heute in München. Veröffentlicht seit 1959, wurde 1968 mit Erzählungen (»Die feinen Totengräber«) bekannt. Mitarbeit an Literaturzeitschriften, Mitglied der »Gruppe 61«. Schreibt Gedichte, Erzählungen, Romane, Hörspiele. – *Katrin*. Aus: A. M., Die Träume der Füchsin. Erzählungen. Stuttgart: Deutsche Verlags-Anstalt 1976. S. 7–11.

Josef Reding

Geb. 1929 in Castrop-Rauxel. Ende des Zweiten Weltkriegs Soldat, Werkstudent. Studierte Germanistik, Psychologie, Publizistik. Studienaufenthalt in den USA; lebte in den Südstaaten mit Farbigen zusammen. Arbeitsaufenthalt im Durchgangslager Friedland. Unternahm Filmexpeditionen in die Elendsgebiete der Dritten Welt: Asien, Afrika, Südamerika. Mitbegründer der »Gruppe 61«. Lebt heute als freier Schriftsteller in Dortmund. Erhielt für seine Erzählungen, Hörspiele und Jugendbücher zahlreiche Literaturpreise und Ehrungen. – *Zum Runterschlucken für Grabner*. Aus: J. R., Ein Scharfmacher kommt. Kurzgeschichten. Recklinghausen: Paulus 1967. S. 115–119.

Klaus Schlesinger

Geb. 1937 in Berlin. Erlernte den Beruf eines Chemielaboranten und arbeitete mehrere Jahre in einem medizinischen Institut. Studierte einige Semester Chemie und arbeitete dann in Industrie- und Forschungslabors. Von 1963 bis 1969 als freier Journalist tätig, nahm 1964/65 an einem Kurs über literarische Reportagen teil, lebt jetzt als freier Schriftsteller in Ost-Berlin. Bis 1982 verheiratet mit der Lyrikerin und Liedermacherin Bettina Wegner. 1979 aus dem Schriftstellerverband der DDR wegen seiner Kritik an der kulturpolitischen Praxis in der DDR ausgeschlossen. Seit 1980 wohnt er in West-Berlin. – *Neun*. Aus: Auskunft. Neue Prosa aus der DDR. Hrsg. von Stefan Heym. München, Gütersloh u. Wien: AutorenEdition/Bertelsmann 1974. S. 160–171.

Rolf Schneider

Geb. 1932 in Chemnitz. Wuchs in Wernigerode am Harz auf.
Von 1951 bis 1955 Studium der Germanistik und Pädagogik
an der Martin-Luther-Universität in Halle-Wittenberg,
danach leitender Redakteur der kulturpolitischen Monats-
schrift »Aufbau« in Berlin. Seit 1958 freier Schriftsteller, lebt
in Schöneiche bei Berlin (DDR). Nahm an mehreren Tagungen der Gruppe 47 teil, gehört zu den Unterzeichnern der
Protestresolution gegen die Ausbürgerung Wolf Biermanns
(1976), wurde 1979 aus dem Schriftstellerverband der DDR
ausgeschlossen. War von 1979 an für mehrere Jahre Drama-
turg in Mainz. Schreibt dramatische Texte für Funk, Fernsehen und Theater sowie Prosa. – *Einen Schnaps trinken.*
Aus: R. Sch., Unerwartete Veränderungen. Erzählungen.
Rostock: Hinstorff 1980. S. 151–159.

Gabriele Wohmann

Geb. 1932 in Darmstadt, wo sie auch heute noch lebt. Vier
Semester Studium der Germanistik, Romanistik, Musikwis-
senschaft und Philosophie in Frankfurt, für kurze Zeit als
Lehrerin tätig. Später erteilte sie Sprachunterricht an der
Volkshochschule in Darmstadt und an einer Handelsschule.
Seit 1956 schriftstellerische Arbeiten, von 1960 bis 1967 Teilnahme an den Tagungen der »Gruppe 47«. Beschreibt in
ihren Romanen und Erzählungen mit akribischer Genauig-
keit alltägliche Konflikte und zwischenmenschliche Probleme. – *Schöne Ferien.* Aus: G. W., Ländliches Fest und
andere Erzählungen. Neuwied u. Berlin: Luchterhand 1968.
S. 76–79.

VI. Literaturhinweise

Doderer, Klaus: Die Kurzgeschichte in Deutschland (1953). Neudruck: Darmstadt 1969.

Durzak, Manfred: Die deutsche Kurzgeschichte der Gegenwart. Autorenporträts, Werkstattgespräche, Interpretationen. Stuttgart 1980.

Gerth, Klaus: Die Kurzgeschichte in der Schule. In: Hermann Helmers (Hrsg.), Moderne Dichtung im Unterricht. Braunschweig [2]1972. S. 90–100.

Höllerer, Walter: Die kurze Form der Prosa (1962). In: Heinz Ludwig Arnold/Theo Buck (Hrsg.), Positionen des Erzählens. Analysen und Theorien zur deutschen Gegenwartsliteratur. München 1976. S. 68–85.

Kilchenmann, Ruth J.: Die Kurzgeschichte. Formen und Entwicklung. Stuttgart [5]1978.

Kritsch Neuse, Erna: Die deutsche Kurzgeschichte. Das Formexperiment der Moderne. Bonn 1980.

Marquardt, Doris: Erzählung, Novelle und Kurzgeschichte im Unterricht. In: Günter Lange / Karl Neumann / Werner Ziesenis (Hrsg.), Taschenbuch des Deutschunterrichts. Bd. 2: Literaturdidaktik. Baltmannsweiler [4]1986. S. 567–586.

Marx, Leonie: Die deutsche Kurzgeschichte. Stuttgart 1985.

Nentwig, Paul: Die moderne Kurzgeschichte im Unterricht. Braunschweig [3]1971.

Piedmont, Ferdinand: Zur Rolle des Erzählers in der Kurzgeschichte. In: Zeitschrift für deutsche Philologie 92 (1973) S. 537–552.

Rohner, Ludwig: Theorie der Kurzgeschichte. Wiesbaden [2]1976.

Salzmann, Wolfgang: Stundenblätter. Kurzgeschichten für die Sekundarstufe I. Stuttgart 1978.

Skorna, Hans-Jürgen: Die Kurzgeschichte der Nachkriegszeit im Unterricht. Ratingen 1967.

Thiemermann, Franz-Josef: Kurzgeschichten im Deutschunterricht. Texte – Interpretationen – Methodische Hinweise. Bochum [8]1971.

Wolpers, Theodor: Kürze im Erzählen. In: Anglia. Zeitschrift für englische Philologie 89 (1971) H. 1, S. 48–86.

Zimmermann, Werner: Deutsche Prosadichtung unseres Jahrhunderts. Interpretationen. Bd. 1. Düsseldorf 1966. Bd. 2. Düsseldorf 1969.

Erzählte Zeit

50 deutsche Kurzgeschichten der Gegenwart

Herausgegeben von Manfred Durzak. 516 Seiten. Kartoniert in Reclams Universal-Bibliothek 9996 [6].

Autoren: Alfred Andersch · Hans Bender · Johannes Bobrowski · Heinrich Böll · Wolfgang Borchert · Thomas Brasch · Herbert Eisenreich · Jürg Federspiel · Fritz Rudolf Fries · Gerd Gaiser · Stephan Hermlin · Wolfgang Hildesheimer · Otto Jägersberg · Marie Luise Kaschnitz · Alexander Kluge · Friedrich Wilhelm Korff · Günter Kunert · Reiner Kunze · Elisabeth Langgässer · Siegfried Lenz · Heiner Müller · Heinz Piontek · Ulrich Plenzdorf · Josef Reding · Luise Rinser · Hans Joachim Schädlich · Klaus Schlesinger · Arno Schmidt · Peter Schneider · Robert Wolfgang Schnell · Wolfdietrich Schnurre · Martin Walser · Wolfgang Weyrauch · Gabriele Wohmann

Interpretationen zu den Kurzgeschichten dieser Anthologie bietet der Darstellungsband von Manfred Durzak: Die deutsche Kurzgeschichte der Gegenwart. Autorenporträts, Werkstattgespräche, Interpretationen. 2. Auflage 1983. 518 Seiten. Paperback

Philipp Reclam jun. Stuttgart